LE BARBIER DE SÉVILLE

BEAUMARCHAIS

Le Barbier de Séville

BEAUMARCHAIS
(1732-1799)

Pierre Augustin Caron naît le 24 janvier 1732 à Paris. Son père est un horloger réputé, qui fait partager son goût pour la musique et le théâtre à ses enfants (Pierre Augustin a cinq sœurs). À 14 ans, Pierre Augustin entre en apprentissage chez son père, et devient à son tour un excellent horloger : à 21 ans, il invente un système permettant de donner l'heure avec plus de précision. L'horloger du roi s'étant approprié ce système, Beaumarchais, par voie de presse, le ridiculise et prend sa place à la cour de Louis XV... Inventeur — aussi — d'un nouveau système pour l'utilisation de la harpe, il enseigne cet instrument aux filles du roi.

Le financier Pâris-Duverney, qui a la confiance de la Pompadour, le prend en amitié et l'associe à ses affaires. Pierre Caron a alors pour maîtresse l'épouse d'un contrôleur des finances royales qui possède une terre, appelée Beaumarchais. Il reprend la charge du contrôleur et à sa mort, en 1755, épouse sa veuve (qui meurt deux ans plus tard) et se fait appeler Caron de Beaumarchais, puis Beaumarchais, lorsqu'il obtient, après intrigues, un brevet de secrétaire du roi. Il est officiellement anobli en 1762. Louis XV, qui l'apprécie beaucoup, le fait nommer à divers postes où il peut exercer son sens de l'intrigue et son sens des affaires.

En 1764, il est chargé d'une mission secrète en Espagne concernant la concession de la Louisiane. Il profite de son séjour pour traiter d'affaires financières importantes et régler un différend familial qui tourne au vaudeville, l'une de ses sœurs ayant été abandonnée par un homme de lettres madrilène (il puisera dans cet épisode une partie de l'inspiration du *Barbier de Séville*).

En plus de ses multiples activités diplomatiques et financières, il écrit un *Essai sur le Genre dramatique sérieux*, des drames bourgeois, *Eugènie* (1767 — qui obtient un certain succès), *Les deux amis, ou le Négociant de Lyon* (1770 — qui est un échec)... et fait jouer, en privé, des pièces plus lestes.

Il s'est remarié, en 1768, avec une femme riche. Elle meurt en 1770, comme son protecteur Pâris-Duverney. C'est, pour Beaumarchais, le début d'une série de procès qui l'opposent au neveu de son protecteur. Procès qui inspirent à Beaumarchais des *Mémoires* (1174), lesquels obtiennent un grand succès et le font connaître d'un vaste public : il y ridiculise les juges et s'y fait le défenseur des particuliers. Le Parlement de Paris (l'un de ses membres a été mis en cause par Beaumarchais) se réunit dans une atmosphère d'émeute et se déconsidère en condamnant à la fois le juge coupable et Beaumarchais, dont les *Mémoires* sont brûlés sur les marches du palais de Justice.

Beaumarchais, qui perd ses droits civils (il ne peut, en théorie, plus monter des affaires ni signer d'actes officiels) n'en continue pas moins ses activités dans la diplomatie secrète. Au retour de mission à Londres, puis à Vienne, en 1775, il fait jouer *Le Barbier de Séville*, qui obtient un franc succès après qu'il ait réduit à quatre les cinq actes de la pièce.

Reparti pour Londres, il négocie avec le chevalier d'Éon, ancien agent de Louis XV réfugié en Angleterre, l'« enterrement » d'affaires obscures (qu'Éon, ruiné, veut révéler) et lance, avec l'appui officieux de Versailles, un trafic d'armes au profit des Insurgents américains en révolte contre l'Angleterre. Les bénéfices qu'il en tire sont inexistants, et, à plusieurs reprises, il manque d'être assassiné en Angleterre. À Paris, il gagne enfin ses procès, est réhabilité dans ses droits civiques, se marie une troisième fois — sans toutefois renoncer à des aventures galantes —, et en 1777, année de la naissance de sa fille Eugènie (un fils, mort à 4 ans, lui était né en 1768), fonde la Société des Auteurs dramatiques afin de protéger leurs intérêts face aux comédiens qui, à l'époque, touchaient presque tous les droits des pièces qu'ils jouaient.

Il fonde aussi la Caisse d'escompte, ancêtre de la Banque de France, édite Voltaire, s'attaque au pouvoir des fermiers généraux et écrit *Le Mariage de Figaro* (1782). Le roi en interdit la représentation, et à la suite d'un échange de pamphlets, car ses ennemis sont nombreux, Beaumarchais est envoyé en prison. Libéré peu de temps après, il fait figure de martyr, tandis que sa pièce fait un triomphe.

Sous la Révolution, il tente de monter un trafic d'armes avec la Hollande pour sauver la République. Mais sa réputation d'affairiste est telle qu'on se méfie de lui. Marat le fait arrêter. L'une de ses maîtresses intervient pour le faire libérer ; il échappe ainsi à un massacre et parvient à s'enfuir en Hollande. Ses biens sont réquisitionnés, il est déclaré émigré, ses « trois femmes » (son épouse, sa fille et sa sœur) sont condamnées à mort. La chute de Robespierre les sauve de l'échafaud.

En 1796, il peut enfin revenir en France, et tente de refaire fortune. Le 18 mai 1799, il succombe à une crise d'apoplexie. Cet homme de 67 ans, qui s'éteint avec son siècle, en a été l'un des témoins les plus picaresques : horloger, musicien, pamphlétaire, juriste, philosophe, agent secret, financier, marchand d'armes, diplomate, dramaturge...

AVANT-PROPOS

Beaumarchais avait l'esprit pratique. La création de son *Barbier de Séville* constitue un tour de force quasi unique dans l'histoire du théâtre français. Voilà une pièce qui fait un four complet le soir de sa première, le 23 février 1775, à la Comédie française. En trois jours — autant dire en un tour de main —, l'auteur remet l'ouvrage sur le métier, procède sans états d'âme à des coupes claires, ramène l'ensemble de cinq à quatre actes, supprime tout ce dont il l'avait surchargé (de lourdes allusions à ses mésaventures personnelles d'homme d'affaires, auxquelles le public ne comprit rien) et, ce *Barbier*, lamentablement « tombé » le 23, se releva triomphalement le 26 février, pour une gloire et une réputation que rien n'allait plus ternir jusqu'à nos jours. Génie dramatique au flair sûr, de toutes les allusions à ses déboires et démêlés judiciaires, il conserva néanmoins l'illustre tirade de la *Calomnie* (IV, 8), un « monument classé » de l'histoire du théâtre auquel la musique de Rossini, étincelante et malicieuse, allait conférer, à partir de 1816, sur toutes les scènes d'opéra, un prestige populaire international.

« Quand la jeunesse et l'amour sont d'accord pour tromper un vieillard, tout ce qu'il fait pour l'empêcher peut bien s'appeler à bon droit *La Précaution inutile* : tout le sujet de *Barbier* tient dans cette ultime réplique de Figaro. Les sources de la pièce sont diverses, et connues. Le sous-titre appartient déjà à une demi-douzaine d'ouvrages, dont *La Précaution inutile* de Scarron (1661). Beaumarchais a pu également s'inspirer de *L'École des femmes* de Molière (1662). Quant à l'atmosphère « espagnole », au cadre sévillan, ils proviennent sans doute du *Tuteur dupé* de Cailhava (1765). Le caractère conventionnel de l'intrigue ne gêne nullement Beaumarchais ; il n'entend pas révolutionner le genre de la comédie où, par exemple, un Marivaux, son proche aîné, a porté à son sommet l'analyse psychologique. Le trio formé par le barbon ridicule et jaloux (le docteur Bartholo), sa fringante pupille (la belle Rosine) qu'il compte bien épouser, et le jeune seigneur (le comte Almaviva) qui la lui ravit à sa barbe et à son nez, est un schéma traditionnel de la *commedia dell'arte*.

L'originalité de Beaumarchais est ailleurs ; elle est d'abord dans son art de l'imbroglio comique, qu'il sait mener de façon étourdissante ; il introduit volontiers la chanson dans les dialogues (la célèbre sérénade sous la fenêtre de Rosine) ; les rebondissements de l'intrigue s'enchaînent avec brio, tenant le spectateur en haleine, et, sans approfondir la psychologie des caractères, il sait en donner une image toujours vraie, quoique à peine esquissée.

Le talent de Beaumarchais est aussi, et surtout, dans sa critique sociale, au service de laquelle il met son style, vif, et où pointe sans cesse le mot d'esprit avec une finesse assassine. Là est la nouveauté du théâtre de Beaumarchais : à travers la complicité familière qui s'établit entre le jeune *noble* Almaviva et le *roturier* Figaro, devenu la cheville ouvrière des entreprises amoureuses du jeune comte, c'est tout le cloisonnement arbitraire entre les classes sociales de l'Ancien Régime qui se trouve contesté. Dans le *Barbier*, Beaumarchais commence à critiquer, en filigrane, la morgue et les privilèges exorbitants de la noblesse, en attendant de le faire, au grand jour cette fois, dans *Le Mariage de Figaro*.

Dix ans séparent les deux créations. La contestation va monter et se faire chaque jour plus audacieuse — venant souvent, là n'est pas le moindre paradoxe, des rangs mêmes de la noblesse —, et, au cadran de l'histoire, l'heure de la Révolution approche...

LES ACTEURS

Les habits des acteurs doivent être dans l'ancien costume espagnol.

LE COMTE ALMAVIVA, *grand d'Espagne, amant inconnu de Rosine*

paraît, au premier acte, en veste et culotte de satin ; il est enveloppé d'un grand manteau brun, ou cape espagnole ; chapeau noir rabattu avec un ruban de couleur autour de la forme. Au deuxième acte, habit uniforme de cavalier, avec des moustaches et des bottines. Au troisième, habillé en bachelier ; cheveux ronds, grande fraise au cou ; veste, culotte, bas et manteau d'abbé. Au quatrième acte, il est vêtu superbement à l'espagnole avec un riche manteau ; par-dessus tout, le large manteau brun dont il se tient enveloppé.

BARTHOLO, *médecin, tuteur de Rosine*

habit noir, court, boutonné ; grande perruque ; fraise et manchettes relevées ; une ceinture noire ; et quand il veut sortir de chez lui, un long manteau écarlate.

ROSINE, *jeune personne d'extraction noble, et pupille de Bartholo*

habillée à l'espagnole.

FIGARO, *barbier de Séville*

en habit de majo espagnol. La tête couverte d'une rescille, ou filet ; chapeau blanc, ruban de couleur autour de la forme, un fichu de soie attaché fort lâche à son cou, gilet et haut-de-chausses de satin, avec des boutons et boutonnières frangés d'argent ; une grande ceinture de soie, les jarretières nouées avec des glands qui pendent sur chaque jambe ; veste de couleur tranchante, à grands revers de la couleur du gilet ; bas blancs et souliers gris.

DON BAZILE, *organiste, maître à chanter de Rosine*
chapeau noir rabattu, soutanelle et long manteau, sans fraise ni manchettes.

LA JEUNESSE, *vieux domestique de Bartholo*

L'ÉVEILLÉ, *autre valet de Bartholo, garçon niais et endormi*
tous deux habillés en Galiciens ; tous les cheveux dans la queue ; gilet couleur de chamois ; large ceinture de peau avec une boucle ; culotte bleue et veste de même, dont les manches, ouvertes aux épaules pour le passage des bras, sont pendantes par-derrière.

UN NOTAIRE

UN ALCADE, *homme de justice*
avec une longue baguette blanche à la main.

PLUSIEURS ALGUAZILS et VALETS
avec des flambeaux.

La scène est à Séville, dans la rue et sous les fenêtres de Rosine, au premier acte ; et le reste de la pièce dans la maison du docteur Bartholo.

Acte I

Le théâtre représente une rue de Séville, où toutes les croisées sont grillées.

Scène 1

LE COMTE, *seul, en grand manteau brun et chapeau rabattu. Il tire sa montre en se promenant.*

Le jour est moins avancé que je ne croyais. L'heure à laquelle elle a coutume de se montrer derrière sa jalousie est encore éloignée. N'importe ; il vaut mieux arriver trop tôt, que de manquer l'instant de la voir. Si quelque aimable de la Cour pouvait me deviner à cent lieues de Madrid, arrêté tous les matins sous les fenêtres d'une femme à qui je n'ai jamais parlé, il me prendrait pour un Espagnol du temps d'Isabelle... Pourquoi non ? Chacun court après le bonheur. Il est pour moi dans le cœur de Rosine... Mais quoi ! suivre une femme à Séville, quand Madrid et la Cour offrent de toutes parts des plaisirs si faciles ?... Et c'est cela même que je fuis. Je suis las des conquêtes que l'intérêt, la convenance ou la vanité nous présentent sans cesse. Il est si doux d'être aimé pour soi-même ! Et si je pouvais m'assurer sous ce déguisement... Au diable l'importun !

Scène 2

FIGARO, LE COMTE, *caché*

FIGARO, *une guitare sur le dos, attachée en bandoulière avec un large ruban ; il chantonne gaiement, un papier et un crayon à la main*

Bannissons le chagrin,
Il nous consume :
Sans le feu du bon vin
Qui nous rallume,
Réduit à languir,
L'homme, sans plaisir,
Vivrait comme un sot,
Et mourrait bientôt

Jusque-là ceci ne va pas mal, hein, hein ?

Et mourrait bientôt...
Le vin et la paresse
Se disputent mon cœur.

Eh non ! ils ne se le disputent pas, ils y règnent paisiblement ensemble...

Se partagent... mon cœur.

Dit-on : se partagent ?... Eh ! mon Dieu, nos faiseurs d'opéras-comiques n'y regardent pas de si près. Aujourd'hui, ce qui ne vaut pas la peine d'être dit, on le chante. *(Il chante.)*

Le vin et la paresse
Se partagent mon cœur.

Je voudrais finir par quelque chose de beau, de brillant, de scintillant, qui eût l'air d'une pensée. *(Il met un genou en terre, et écrit en chantant.)*

Se partagent mon cœur.
Si l'une a ma tendresse...
L'autre fait mon bonheur.

Fi donc ! c'est plat. Ce n'est pas ça... Il me faut une opposition, une antithèse :

Si l'une... est ma maîtresse,
L'autre...

Eh ! parbleu, j'y suis :

L'autre est mon serviteur.

Fort bien, Figaro !... *(Il écrit en chantant.)*

Le vin et la paresse
Se partagent mon cœur.
Si l'une est ma maîtresse,
L'autre est mon serviteur.
L'autre est mon serviteur
L'autre est mon serviteur.

Hem, hem, quand il y aura des accompagnements là-dessous, nous verrons encore, messieurs de la cabale, si je ne sais ce que je dis... *(Il aperçoit le comte.)* J'ai vu cet abbé-là quelque part. *(Il se relève.)*

LE COMTE, *à part*. Cet homme ne m'est pas inconnu.

FIGARO. Eh non, ce n'est pas un abbé ! Cet air altier et noble...

LE COMTE. Cette tournure grotesque...

FIGARO. Je ne me trompe point : c'est le comte Almaviva.

LE COMTE. Je crois que c'est ce coquin de Figaro.

FIGARO. C'est lui-même, Monseigneur.

LE COMTE. Maraud ! si tu dis un mot...

FIGARO. Oui, je vous reconnais ; voilà les bontés familières dont vous m'avez toujours honoré.

LE COMTE. Je ne te reconnaissais pas, moi. Te voilà si gros et si gras...

FIGARO. Que voulez-vous, Monseigneur, c'est la misère.

LE COMTE. Pauvre petit ! Mais que fais-tu à Séville ? Je t'avais autrefois recommandé dans les bureaux pour un emploi.

FIGARO. Je l'ai obtenu, Monseigneur ; et ma reconnaissance...

LE COMTE. Appelle-moi Lindor. Ne vois-tu pas, à mon déguisement, que je veux être inconnu ?

FIGARO. Je me retire.

LE COMTE. Au contraire. J'attends ici quelque chose, et deux hommes qui jasent sont moins suspects qu'un seul qui se promène. Ayons l'air de jaser. Eh bien, cet emploi ?

FIGARO. Le ministre, ayant égard à la recommandation de Votre Excellence, me fit nommer sur-le-champ garçon apothicaire.

LE COMTE. Dans les hôpitaux de l'armée ?

FIGARO. Non ; dans les haras d'Andalousie.

LE COMTE, *riant*. Beau début !

FIGARO. Le poste n'était pas mauvais, parce qu'ayant le district des pansements et des drogues, je vendais souvent aux hommes de bonnes médecines de cheval...

LE COMTE. Qui tuaient les sujets du roi !

FIGARO. Ah, ah, il n'y a point de remède universel — ... mais qui n'ont pas laissé de guérir quelquefois des Galiciens, des Catalans, des Auvergnats.

LE COMTE. Pourquoi donc l'as-tu quitté ?

FIGARO. Quitté ? C'est bien lui-même ; on m'a desservi auprès des puissances :

L'envie aux doigts crochus, au teint pâle et livide...

LE COMTE. Oh grâce ! grâce, ami ! Est-ce que tu fais aussi des vers ? Je t'ai vu là griffonnant sur ton genou, et chantant dès le matin.

FIGARO. Voilà précisément la cause de mon malheur, Excellence. Quand on a rapporté au ministre que je faisais, je puis dire assez joliment, des bouquets à Chloris, que j'envoyais des énigmes aux journaux, qu'il courait des madrigaux de ma façon ; en un mot, quand il a su que j'étais imprimé tout vif, il a pris la chose au tragique et m'a fait ôter mon emploi, sous prétexte que l'amour des lettres est incompatible avec l'esprit des affaires.

LE COMTE. Puissamment raisonné ! Et tu ne lui fis pas représenter...

FIGARO. Je me crus trop heureux d'en être oublié, persuadé qu'un grand nous fait assez de bien quand il ne nous fait pas de mal.

LE COMTE. Tu ne dis pas tout. Je me souviens qu'à mon service tu étais un assez mauvais sujet.

FIGARO. Eh ! mon Dieu, Monseigneur, c'est qu'on veut que le pauvre soit sans défaut.

LE COMTE. Paresseux, dérangé...

FIGARO. Aux vertus qu'on exige dans un domestique, Votre Excellence connaît-elle beaucoup de maîtres qui fussent dignes d'être valets ?

LE COMTE, *riant*. Pas mal ! Et tu t'es retiré en cette ville ?

FIGARO. Non, pas tout de suite.

LE COMTE, *l'arrêtant*. Un moment... J'ai cru que c'était elle... Dis toujours, je t'entends de reste.

FIGARO. De retour à Madrid, je voulus essayer de nouveau mes talents littéraires ; et le théâtre me parut un champ d'honneur...

LE COMTE. Ah ! miséricorde !

FIGARO. *(Pendant sa réplique, le comte regarde avec attention du côté de la jalousie.)* En vérité, je ne sais comment je n'eus pas le plus grand succès, car j'avais rempli le parterre des plus excellents travailleurs ; des mains... comme des battoirs ; j'avais interdit les gants, les cannes, tout ce qui ne produit que des applaudissements sourds ; et d'honneur, avant la pièce, le café m'avait paru dans les meilleures dispositions pour moi. Mais les efforts de la cabale...

LE COMTE. Ah ! la cabale ! monsieur l'auteur tombé !

FIGARO. Tout comme un autre ; pourquoi pas ? Ils m'ont sifflé ; mais si jamais je puis les rassembler...

LE COMTE. L'ennui te vengera bien d'eux ?

FIGARO. Ah ! comme je leur en garde, morbleu !

LE COMTE. Tu jures ! Sais-tu qu'on n'a que vingt-quatre heures, au Palais, pour maudire ses juges ?

FIGARO. On a vingt-quatre ans au théâtre ; la vie est trop courte pour user un pareil ressentiment.

LE COMTE. Ta joyeuse colère me réjouit. Mais tu ne me dis pas ce qui t'a fait quitter Madrid.

FIGARO. C'est mon bon ange, Excellence, puisque je suis assez heureux pour retrouver mon ancien maître. Voyant à Madrid que la république des lettres était celle des loups, toujours armés les uns contre les autres, et que, livrés au mépris où ce risible acharnement les conduit, tous les insectes, les moustiques, les cousins, les critiques, les maringouins, les envieux, les feuillistes, les libraires, les censeurs, et tout ce qui s'attache à la peau des malheureux gens de lettres, achevait de déchiqueter et sucer le peu de substance qui leur restait ; fatigué d'écrire, ennuyé de moi, dégoûté des autres, abîmé de dettes et léger d'argent ; à la fin convaincu que l'utile revenu du rasoir est préférable aux vains honneurs de la plume, j'ai quitté Madrid ; et, mon bagage en sautoir, parcourant philosophiquement les deux Castilles, la Manche, l'Estramadure, la Sierra-Morena, l'Andalousie, accueilli dans une ville, emprisonné dans l'autre, et partout supérieur aux événements ; loué par ceux-ci, blâmé par ceux-là ; aidant au bon temps, supportant le mauvais ; me moquant des sots, bravant les méchants ; riant de ma misère, et faisant la barbe à tout le monde, vous me voyez enfin établi dans Séville, et prêt à servir de nouveau Votre Excellence en tout ce qu'il lui plaira de m'ordonner.

LE COMTE. Qui t'a donné une philosophie aussi gaie ?

FIGARO. L'habitude du malheur. Je me presse de rire de tout, de peur d'être obligé d'en pleurer. Que regardez-vous donc toujours de ce côté ?

LE COMTE. Sauvons-nous.

FIGARO. Pourquoi ?

LE COMTE. Viens donc, malheureux ! tu me perds.

Ils se cachent.

Scène 3

BARTHOLO, ROSINE

La jalousie du premier étage s'ouvre, et Bartholo et Rosine se mettent à la fenêtre.

ROSINE. Comme le grand air fait plaisir à respirer !... Cette jalousie s'ouvre si rarement...

BARTHOLO. Quel papier tenez-vous là ?

ROSINE. Ce sont des couplets de *La Précaution inutile*, que mon maître à chanter m'a donnés hier.

BARTHOLO. Qu'est-ce que *La Précaution inutile* ?

ROSINE. C'est une comédie nouvelle.

BARTHOLO. Quelque drame encore ! quelque sottise d'un nouveau genre !

ROSINE. Je n'en sais rien.

BARTHOLO. Euh, euh, les journaux et l'autorité nous en feront raison. Siècle barbare !...

ROSINE. Vous injuriez toujours notre pauvre siècle.

BARTHOLO. Pardon de la liberté ! Qu'a-t-il produit pour qu'on le loue ? Sottises de toute espèce : la liberté de penser, l'attraction, l'électricité, le tolérantisme, l'inoculation, le quinquina, l'*Encyclopédie*, et les drames...

ROSINE. *(Le papier lui échappe et tombe dans la rue.)* Ah ! ma chanson ! ma chanson est tombée en vous écoutant ; courez, courez donc, monsieur ! ma chanson, elle sera perdue !

BARTHOLO. Que diable aussi, l'on tient ce qu'on tient.

Il quitte le balcon.

ROSINE. *regarde en dedans et fait signe dans la rue.* St, st ! *(Le comte paraît.)* Ramassez vite et sauvez-vous.

Le comte ne fait qu'un saut, ramasse le papier et rentre.

BARTHOLO. *sort de la maison et cherche.* Où donc est-il ? Je ne vois rien.

ROSINE. Sous le balcon, au pied du mur.

BARTHOLO. Vous me donnez là une jolie commission ! Il est donc passé quelqu'un ?

ROSINE. Je n'ai vu personne.

BARTHOLO, *à lui-même.* Et moi qui ai la bonté de chercher !... Bartholo, vous n'êtes qu'un sot, mon ami : ceci doit vous apprendre à ne jamais ouvrir de jalousies sur la rue.

Il rentre.

ROSINE, *toujours au balcon.* Mon excuse est dans mon malheur : seule, enfermée, en butte à la persécution d'un homme odieux, est-ce un crime de tenter à sortir d'esclavage ?

BARTHOLO, *paraissant au balcon.* Rentrez, signora ; c'est ma faute si vous avez perdu votre chanson ; mais ce malheur ne vous arrivera plus, je vous jure.

Il ferme la jalousie à la clef.

Scène 4

LE COMTE, FIGARO

Ils entrent avec précaution.

LE COMTE. A présent qu'ils sont retirés, examinons cette chanson dans laquelle un mystère est sûrement renfermé. C'est un billet !

FIGARO. Il demandait ce que c'est *La Précaution inutile !*

LE COMTE *lit vivement.* « Votre empressement excite ma curiosité : sitôt que mon tuteur sera sorti, chantez indifféremment, sur l'air connu de ces couplets, quelque chose qui m'apprenne enfin le nom, l'état et les intentions de celui qui paraît s'attacher si obstinément à l'infortunée Rosine. »

FIGARO, *contrefaisant la voix de Rosine.* Ma chanson, ma chanson est tombeé ; courez, courez donc ; *(Il rit.)* ah, ah, ah ! Oh ! ces femmes ! voulez-vous donner de l'adresse à la plus ingénue ? enfermez-la.

LE COMTE. Ma chère Rosine !

FIGARO. Monseigneur, je ne suis plus en peine des motifs de votre mascarade ; vous faites ici l'amour en perspective.

LE COMTE. Te voilà instruit ; mais si tu jases...

FIGARO. Moi, jaser ! Je n'emploierai point pour vous rassurer les grandes phrases d'honneur et de dévouement dont on abuse à la journée ; je n'ai qu'un mot : mon intérêt vous répond de moi ; pesez tout à cette balance, et...

LE COMTE. Fort bien. Apprends donc que le hasard m'a fait rencontrer au Prado, il y a six mois, une jeune personne d'une beauté... ! Tu viens de la voir. Je l'ai fait chercher en vain par tout Madrid. Ce n'est que depuis peu de jours que j'ai découvert qu'elle s'appelle Rosine, est d'un sang noble, orpheline, et mariée à un vieux médecin de cette ville, nommé Bartholo.

FIGARO. Joli oiseau, ma foi ! difficile à dénicher ! Mais qui vous a dit qu'elle était femme du docteur ?

LE COMTE. Tout le monde.

FIGARO. C'est une histoire qu'il a forgée en arrivant de Madrid, pour donner le change aux galants et les écarter ; elle n'est encore que sa pupille, mais bientôt...

LE COMTE, *vivement*. Jamais !... Ah ! quelle nouvelle ! J'étais résolu de tout oser pour lui présenter mes regrets, et je la trouve libre ! Il n'y a pas un moment à perdre ; il faut m'en faire aimer, et l'arracher à l'indigne engagement qu'on lui destine. Tu connais donc ce tuteur ?

FIGARO. Comme ma mère.

LE COMTE. Quel homme est-ce ?

FIGARO, *vivement*. C'est un beau gros, court, jeune vieillard, gris, pommelé, rusé, rasé, blasé, qui guette, et furette, et gronde, et geint tout à la fois.

LE COMTE, *impatienté*. Eh ! je l'ai vu. Son caractère ?

FIGARO. Brutal, avare, amoureux et jaloux à l'excès de sa pupille, qui le hait à la mort.

LE COMTE. Ainsi, ses moyens de plaire sont...

FIGARO. Nuls.

LE COMTE. Tant mieux. Sa probité ?

FIGARO. Tout juste autant qu'il en faut pour n'être point pendu.

LE COMTE. Tant mieux. Punir un fripon en se rendant heureux...

FIGARO. C'est faire à la fois le bien public et particulier : chef-d'œuvre de morale, en vérité, Monseigneur !

LE COMTE. Tu dis que la crainte des galants lui fait fermer sa porte ?

FIGARO. A tout le monde : s'il pouvait la calfeutrer...

LE COMTE. Ah ! diable, tant pis. Aurais-tu de l'accès chez lui ?

FIGARO. Si j'en ai ! *Primo*, la maison que j'occupe appartient au docteur, qui m'y loge *gratis*.

LE COMTE. Ah ! ah !

FIGARO. Oui. Et moi, en reconnaissance, je lui promets dix pistoles d'or par an, *gratis* aussi.

LE COMTE, *impatienté*. Tu es son locataire ?

FIGARO. De plus, son barbier, son chirurgien, son apothicaire ; il ne se donne pas dans sa maison un coup de rasoir, de lancette ou de piston, qui ne soit de la main de votre serviteur.

LE COMTE *l'embrasse*. Ah ! Figaro, mon ami, tu seras mon ange, mon libérateur, mon dieu tutélaire.

FIGARO. Peste ! comme l'utilité vous a bientôt rapproché les distances ! Parlez-moi des gens passionnés !

LE COMTE. Heureux Figaro, tu vas voir ma Rosine ! tu vas la voir ! Conçois-tu ton bonheur ?

FIGARO. C'est bien là un propos d'amant ! Est-ce que je l'adore, moi ? Puissiez-vous prendre ma place !

LE COMTE. Ah ! si l'on pouvait écarter tous les surveillants !

FIGARO. C'est à quoi je rêvais.

LE COMTE. Pour douze heures seulement !

FIGARO. En occupant les gens de leur propre intérêt, on les empêche de nuire à l'intérêt d'autrui.

LE COMTE. Sans doute. Eh bien ?

FIGARO, *rêvant*. Je cherche dans ma tête si la pharmacie ne fournirait pas quelques petits moyens innocents...

LE COMTE. Scélérat !

FIGARO. Est-ce que je veux leur nuire ? Ils ont tous besoin de mon ministère. Il ne s'agit que de les traiter ensemble.

LE COMTE. Mais ce médecin peut prendre un soupçon.

FIGARO. Il faut marcher si vite, que le soupçon n'ait pas

le temps de naître. Il me vient une idée : le régiment de Royal-Infant arrive en cette ville.

LE COMTE. Le colonel est de mes amis.

FIGARO. Bon. Présentez-vous chez le docteur en habit de cavalier, avec un billet de logement ; il faudra bien qu'il vous héberge ; et moi, je me charge du reste.

LE COMTE. Excellent !

FIGARO. Il ne serait même pas mal que vous eussiez l'air entre deux vins...

LE COMTE. A quoi bon ?

FIGARO. Et le mener un peu lestement sous cette apparence déraisonnable.

LE COMTE. A quoi bon ?

FIGARO. Pour qu'il ne prenne aucun ombrage, et vous croie plus pressé de dormir que d'intriguer chez lui.

LE COMTE. Supérieurement vu ! Mais que n'y vas-tu, toi ?

FIGARO. Ah ! oui, moi ! Nous serons bien heureux s'il ne vous reconnaît pas, vous qu'il n'a jamais vu. Et comment vous introduire après ?

LE COMTE. Tu as raison.

FIGARO. C'est que vous ne pourrez peut-être pas soutenir ce personnage difficile. Cavalier... pris de vin...

LE COMTE. Tu te moques de moi. *(Prenant un ton ivre.)* N'est-ce point ici la maison du docteur Bartholo, mon ami ?

FIGARO. Pas mal, en vérité ; vos jambes seulement un peu plus avinées. *(D'un ton plus ivre.)* N'est-ce pas ici la maison... ?

LE COMTE. Fi donc ! tu as l'ivresse du peuple.

FIGARO. C'est la bonne ; c'est celle du plaisir.

LE COMTE. La porte s'ouvre.

FIGARO. C'est notre homme : éloignons-nous jusqu'à ce qu'il soit parti.

Scène 5

LE COMTE *et* FIGARO, *cachés* ; BARTHOLO

BARTHOLO *sort en parlant à la maison*. Je reviens à l'instant ; qu'on ne laisse entrer personne. Quelle sottise à moi d'être descendu ! Dès qu'elle m'en priait, je devais bien m'en douter... Et Bazile qui ne vient pas ! Il devait tout arranger pour que mon mariage se fît secrètement demain : et point de nouvelles ! Allons voir ce qui peut l'arrêter.

Scène 6

LE COMTE, FIGARO

LE COMTE. Qu'ai-je entendu ? Demain il épouse Rosine en secret !

FIGARO. Monseigneur, la difficulté de réussir ne fait qu'ajouter à la nécessité d'entreprendre.

LE COMTE. Quel est donc ce Bazile qui se mêle de son mariage ?

FIGARO. Un pauvre hère qui montre la musique à sa pupille, infatué de son art, friponneau, besogneux, à genoux devant un écu, et dont il sera facile de venir à bout, Monseigneur... *(Regardant à la jalousie.)* La v'là, la v'là.

LE COMTE. Qui donc ?

FIGARO. Derrière sa jalousie, la voilà, la voilà. Ne regardez pas, ne regardez donc pas !

LE COMTE. Pourquoi ?

FIGARO. Ne vous écrit-elle pas : *Chantez indifféremment* ? c'est-à-dire : chantez comme si vous chantiez... seulement pour chanter. Oh ! la v'là, la v'là.

LE COMTE. Puisque j'ai commencé à l'intéresser sans être connu d'elle, ne quittons point le nom de Lindor que j'ai pris ; mon triomphe en aura plus de charmes. *(Il déploie le papier que Rosine a jeté.)* Mais comment chanter sur cette musique ? Je ne sais pas faire de vers, moi.

FIGARO. Tout ce qui vous viendra, Monseigneur, est excellent : en amour, le cœur n'est pas difficile sur les productions de l'esprit... Et prenez ma guitare.

LE COMTE. Que veux-tu que j'en fasse ? j'en joue si mal !

FIGARO. Est-ce qu'un homme comme vous ignore quelque chose ? Avec le dos de la main ; from, from, from... Chanter sans guitare à Séville ! vous seriez bientôt reconnu, ma foi, bientôt dépisté.

Figaro se colle au mur, sous le balcon.

LE COMTE *chante en se promenant, et s'accompagnant sur sa guitare.*

PREMIER COUPLET

Vous l'ordonnez, je me ferai connaître,
Plus inconnu, j'osais vous adorer ;
En me nommant, que pourrais-je espérer ?
N'importe, il faut obéir à son maître.

FIGARO, *bas*. Fort bien, parbleu ! Courage, Monseigneur !

LE COMTE.

DEUXIÈME COUPLET

Je suis Lindor, ma naissance est commune ;
Mes vœux sont ceux d'un simple bachelier ;
Que n'ai-je, hélas ! d'un brillant chevalier
A vous offrir le rang et la fortune !

FIGARO. Et comment, diable ! Je ne ferais pas mieux, moi qui m'en pique.

LE COMTE.

TROISIÈME COUPLET

Tous les matins, ici, d'une voix tendre,
Je chanterai mon amour sans espoir ;
Je bornerai mes plaisirs à vous voir ;

Et puissiez-vous en trouver à m'entendre !

FIGARO. Oh ma foi, pour celui-ci !....

Il s'approche et baise le bas de l'habit de son maître.

LE COMTE. Figaro ?

FIGARO. Excellence ?

LE COMTE. Crois-tu que l'on m'ait entendu ?

ROSINE, *en dedans, chante.*

(Air du *Maître en droit*)
Tout me dit que Lindor est charmant,
Que je dois l'aimer constamment...

On entend une croisée qui se ferme avec bruit.

FIGARO. Croyez-vous qu'on vous ait entendu, cette fois ?

LE COMTE. Elle a fermé sa fenêtre ; quelqu'un apparemment est entré chez elle.

FIGARO. Ah ! la pauvre petite ! comme elle tremble en chantant ! Elle est prise, Monseigneur.

LE COMTE. Elle se sert du moyen qu'elle-même a indiqué. *Tout me dit que Lindor est charmant*. Que de grâces ! que d'esprit !

FIGARO. Que de ruse ! que d'amour !

LE COMTE. Crois-tu qu'elle se donne à moi, Figaro ?

FIGARO. Elle passera plutôt à travers cette jalousie que d'y manquer.

LE COMTE. C'en est fait, je suis à ma Rosine... pour la vie.

FIGARO. Vous oubliez, Monseigneur, qu'elle ne vous entend plus.

LE COMTE. Monsieur Figaro ! je n'ai qu'un mot à vous dire : elle sera ma femme ; et si vous servez bien mon projet en lui cachant mon nom... Tu m'entends, tu me connais...

FIGARO. Je me rends. Allons, Figaro, vole à la fortune, mon fils.

LE COMTE. Retirons-nous, crainte de nous rendre suspects.

FIGARO, *vivement*. Moi, j'entre ici, où, par la force de mon art, je vais, d'un seul coup de baguette, endormir la vigilance, éveiller l'amour, égarer la jalousie, fourvoyer l'intrigue, et renverser tous les obstacles. Vous, Monseigneur, chez moi, l'habit de soldat, le billet de logement, et de l'or dans vos poches.

LE COMTE. Pour qui, de l'or ?

FIGARO, *vivement*. De l'or, mon Dieu, de l'or : c'est le nerf de l'intrigue.

LE COMTE. Ne te fâche pas, Figaro, j'en prendrai beaucoup.

FIGARO, *s'en allant*. Je vous rejoins dans peu.

LE COMTE. Figaro ?

FIGARO. Qu'est-ce que c'est ?

LE COMTE. Et ta guitare ?

FIGARO *revient*. J'oublie ma guitare, moi ! je suis donc fou !

Il s'en va.

LE COMTE. Et ta demeure, étourdi ?

FIGARO *revient*. Ah ! réellement, je suis frappé ! — Ma boutique à quatre pas d'ici, peinte en bleu, vitrage en plomb, trois palettes en l'air, l'œil dans la main : *consilio manuque*, FIGARO.

Il s'enfuit.

Acte II

Le théâtre représente l'appartement de Rosine. La croisée dans le fond du théâtre est fermée par une jalousie grillée.

Scène 1

ROSINE *seule, un bougeoir à la main. Elle prend du papier sur la table et se met à écrire.*

Marceline est malade ; tous les gens sont occupés ; et personne ne me voit écrire. Je ne sais si ces murs ont des yeux et des oreilles, ou si mon argus a un génie malfaisant qui l'instruit à point nommé ; mais je ne puis dire un mot ni faire un pas, dont il ne devine sur-le-champ l'intention... Ah ! Lindor ! *(Elle cachette la lettre.)* Fermons toujours ma lettre, quoique j'ignore quand et comment je pourrai la lui faire tenir. Je l'ai vu à travers ma jalousie parler longtemps au barbier Figaro. C'est un bonhomme qui m'a montré quelquefois de la pitié : si je pouvais l'entretenir un moment !

Scène 2

ROSINE, FIGARO

ROSINE, *surprise*. Ah ! monsieur Figaro, que je suis aise de vous voir !

FIGARO. Votre santé, Madame ?

ROSINE. Pas trop bonne, monsieur Figaro. L'ennui me tue.

FIGARO. Je le crois ; il n'engraisse que les sots.

ROSINE. Avec qui parliez-vous donc là-bas si vivement ? Je n'entendais pas : mais...

FIGARO. Avec un jeune bachelier de mes parents, de la plus grande espérance ; plein d'esprit, de sentiments, de talents, et d'une figure fort revenante.

ROSINE. Oh ! tout à fait bien, je vous assure ! Il se nomme ?...

FIGARO. Lindor. Il n'a rien : mais s'il n'eût pas quitté brusquement Madrid, il pouvait y trouver quelque bonne place.

ROSINE, *étourdiment*. Il en trouvera, monsieur Figaro ; il en trouvera. Un jeune homme tel que vous le dépeignez n'est pas fait pour rester inconnu.

FIGARO, *à part*. Fort bien. *(Haut.)* Mais il a un grand défaut, qui nuira toujours à son avancement.

ROSINE. Un défaut, monsieur Figaro ! Un défaut ! en êtes-vous bien sûr ?

FIGARO. Il est amoureux.

ROSINE. Il est amoureux ! et vous appelez cela un défaut ?

FIGARO. A la vérité, ce n'en est un que relativement à sa mauvaise fortune.

ROSINE. Ah ! que le sort est injuste ! Et nomme-t-il la personne qu'il aime ? Je suis d'une curiosité...

FIGARO. Vous êtes la dernière, Madame, à qui je voudrais faire une confidence de cette nature.

ROSINE, *vivement*. Pourquoi, monsieur Figaro ? Je suis discrète. Ce jeune homme vous appartient, il m'intéresse infiniment..., dites donc.

FIGARO, *la regardant finement*. Figurez-vous la plus jolie petite mignonne, douce, tendre, accorte et fraîche, agaçant l'appétit ; pied furtif, taille adroite, élancée, bras dodus, bouche rosée, et des mains ! des joues ! des dents ! des yeux !...

ROSINE. Qui reste en cette ville ?

FIGARO. En ce quartier.

ROSINE. Dans cette rue peut-être ?

FIGARO. A deux pas de moi.

ROSINE. Ah ! que c'est charmant... pour monsieur votre parent. Et cette personne est... ?

FIGARO. Je ne l'ai pas nommée ?

ROSINE, *vivement*. C'est la seule chose que vous ayez oubliée, monsieur Figaro. Dites donc, dites donc vite ; si l'on rentrait, je ne pourrais plus savoir...

FIGARO. Vous le voulez absolument, Madame ? Eh bien ! cette personne est... la pupille de votre tuteur.

ROSINE. La pupille... ?

FIGARO. Du docteur Bartholo ; oui, Madame.

ROSINE, *avec émotion*. Ah ! monsieur Figaro !... Je ne vous crois pas, je vous assure.

FIGARO. Et c'est ce qu'il brûle de venir vous persuader lui-même.

ROSINE. Vous me faites trembler, monsieur Figaro.

FIGARO. Fi donc, trembler ! mauvais calcul, Madame. Quand on cède à la peur du mal, on ressent déjà le mal de la peur. D'ailleurs, je viens de vous débarrasser de tous vos surveillants jusqu'à demain.

ROSINE. S'il m'aime, il doit me le prouver en restant absolument tranquille.

FIGARO. Eh ! Madame ! amour et repos peuvent-ils habiter en même cœur ? La pauvre jeunesse est si malheureuse aujourd'hui, qu'elle n'a que ce terrible choix : amour sans repos, ou repos sans amour.

ROSINE, *baissant les yeux*. Repos sans amour... paraît...

FIGARO. Ah ! bien languissant. Il semble, en effet,

qu'amour sans repos se présente de meilleure grâce : et pour moi, si j'étais femme...

ROSINE, *avec embarras*. Il est certain qu'une jeune personne ne peut empêcher un honnête homme de l'estimer.

FIGARO. Aussi mon parent vous estime-t-il infiniment.

ROSINE. Mais s'il allait faire quelque imprudence, monsieur Figaro, il nous perdrait.

FIGARO, *à part*. Il nous perdrait ! *(Haut.)* Si vous le lui défendiez expressément par une petite lettre... Une lettre a bien du pouvoir.

ROSINE *lui donne la lettre qu'elle vient d'écrire*. Je n'ai pas le temps de recommencer celle-ci ; mais en la lui donnant, dites-lui... dites-lui bien...

Elle écoute.

FIGARO. Personne, Madame.

ROSINE. Que c'est par pure amitié, tout ce que je fais.

FIGARO. Cela parle de soi. Tudieu ! l'amour a bien une autre allure !

ROSINE. Que par pure amitié, entendez-vous ? Je crains seulement que, rebuté par les difficultés...

FIGARO. Oui, quelque feu follet. Souvenez-vous, Madame, que le vent qui éteint une lumière allume un brasier, et que nous sommes ce brasier-là. D'en parler seulement, il exhale un tel feu qu'il m'a presque enfiévré de sa passion, moi qui n'y ai que voir !

ROSINE. Dieux ! j'entends mon tuteur. S'il vous trouvait ici... Passez par le cabinet du clavecin, et descendez le plus doucement que vous pourrez.

FIGARO. Soyez tranquille. *(A part, montrant la lettre.)* Voici qui vaut mieux que toutes mes observations.

Il entre dans le cabinet.

Scène 3

ROSINE, *seule*

Je meurs d'inquiétude jusqu'à ce qu'il soit dehors... Que je l'aime, ce bon Figaro ! c'est un bien honnête homme, un bon parent ! Ah ! voilà mon tyran ; reprenons mon ouvrage.

Elle souffle la bougie, s'assied, et prend une broderie au tambour.

Scène 4

BARTHOLO, ROSINE

BARTHOLO, *en colère*. Ah ! malédiction ! l'enragé, le scélérat corsaire et Figaro ! Là, peut-on sortir un moment de chez soi sans être sûr en rentrant... ?

ROSINE. Qui vous met donc si fort en colère, Monsieur ?

BARTHOLO. Ce damné barbier qui vient d'écloper toute ma maison en un tour de main : il donne un narcotique à L'Éveillé, un sternutatoire à La Jeunesse ; il saigne au pied Marceline ; il n'y a pas jusqu'à ma mule... Sur les yeux d'une pauvre bête aveugle, un cataplasme ! Parce qu'il me doit cent écus ; il se presse de faire des mémoires. Ah ! qu'il les apporte !... Et personne à l'antichambre ! On arrive à cet appartement comme à la place d'armes.

ROSINE. Et qui peut y pénétrer que vous, Monsieur ?

BARTHOLO. J'aime mieux craindre sans sujet que de m'exposer sans précaution. Tout est plein de gens entreprenants, d'audacieux... N'a-t-on pas, ce matin encore, ramassé lestement votre chanson pendant que j'allais la chercher ? Oh ! je...

ROSINE. C'est bien mettre à plaisir de l'importance à tout ! Le vent peut avoir éloigné ce papier, le premier venu, que sais-je ?

BARTHOLO. Le vent, le premier venu !... Il n'y a point de vent, Madame, point de premier venu dans le monde ! et c'est toujours quelqu'un posté là exprès qui ramasse les papiers qu'une femme a l'air de laisser tomber par mégarde.

ROSINE. A l'air, Monsieur ?

BARTHOLO. Oui, Madame, a l'air.

ROSINE, *à part.* Oh ! le méchant vieillard !

BARTHOLO. Mais tout cela n'arrivera plus ; car je vais faire sceller cette grille.

ROSINE. Faites mieux ; murez les fenêtres tout d'un coup : d'une prison à un cachot, la différence est si peu de chose !

BARTHOLO. Pour celles qui donnent sur la rue, ce ne serait peut-être pas si mal... Ce barbier n'est pas entré chez vous, au moins ?

ROSINE. Vous donne-t-il aussi de l'inquiétude ?

BARTHOLO. Tout comme un autre.

ROSINE. Que vos répliques sont honnêtes !

BARTHOLO. Ah ! fiez-vous à tout le monde, et vous aurez bientôt à la maison une bonne femme pour vous tromper, de bons amis pour vous la souffler, et de bons valets pour les y aider.

ROSINE. Quoi ! vous n'accordez pas même qu'on ait des principes contre la séduction de monsieur Figaro ?

BARTHOLO. Qui diable entend quelque chose à la bizarrerie des femmes, et combien j'en ai vu de ces vertus à principes... !

ROSINE, *en colère.* Mais, Monsieur, s'il suffit d'être homme pour nous plaire, pourquoi donc me déplaisez-vous si fort ?

BARTHOLO, *stupéfait*. Pourquoi ?... pourquoi ?... Vous ne répondez pas à ma question sur ce barbier.

ROSINE, *outrée*. Eh bien oui, cet homme est entré chez moi ; je l'ai vu, je lui ai parlé. Je ne vous cache pas même que je l'ai trouvé fort aimable : et puissiez-vous en mourir de dépit !

Elle sort.

Scène 5

BARTHOLO, *seul*

Oh ! les juifs, les chiens de valets ! La Jeunesse ! L'Éveille ! L'Éveille maudit !

Scène 6

BARTHOLO, L'ÉVEILLÉ

L'ÉVEILLÉ *arrive en bâillant, tout endormi*. Aah, aah, ah, ah...

BARTHOLO. Où étais-tu, peste d'étourdi, quand ce barbier est entré ici ?

L'ÉVEILLÉ. Monsieur, j'étais... ah, aah, ah...

BARTHOLO. A machiner quelque espièglerie, sans doute ? Et tu ne l'as pas vu ?

L'ÉVEILLÉ. Sûrement je l'ai vu, puisqu'il m'a trouvé tout malade, à ce qu'il dit ; et faut bien que ça soit vrai, car j'ai commencé à me douloir dans tous les membres, rien qu'en l'en-entendant parl... Ah, ah, aah...

BARTHOLO *le contrefait*. Rien qu'en l'en-entendant !... Où donc est ce vaurien de La Jeunesse ? Droguer ce petit garçon sans mon ordonnance ! Il y a quelque friponnerie là-dessous.

Scène 7

LES ACTEURS PRÉCÉDENTS, LA JEUNESSE

La Jeunesse arrive en vieillard avec une canne en béquille ; il éternue plusieurs fois.

L'ÉVEILLÉ, *toujours bâillant*. La Jeunesse ?

BARTHOLO. Tu éternueras dimanche.

LA JEUNESSE. Voilà plus de cinquante... cinquante fois... dans un moment ! *(Il éternue.)* Je suis brisé.

BARTHOLO. Comment ! je vous demande à tous deux s'il est entré quelqu'un chez Rosine, et vous ne me dites pas que ce barbier...

L'ÉVEILLÉ, *continuant de bâiller*. Est-ce que c'est quelqu'un donc, monsieur Figaro ? Aah, ah...

BARTHOLO. Je parie que le rusé s'entend avec lui.

L'ÉVEILLÉ, *pleurant comme un sot*. Moi... Je m'entends !...

LA JEUNESSE, *éternuant*. Eh mais, Monsieur, y a-t-il... y a-t-il de la justice ?...

BARTHOLO. De la justice ! C'est bon entre vous autres misérables, la justice ! Je suis votre maître, moi, pour avoir toujours raison.

LA JEUNESSE, *éternuant*. Mais, pardi, quand une chose est vraie...

BARTHOLO. Quand une chose est vraie ! Si je ne veux pas qu'elle soit vraie, je prétends bien qu'elle ne soit pas vraie. Il n'y aurait qu'à permettre à tous ces faquins-là d'avoir raison, vous verriez bientôt ce que deviendrait l'autorité.

LA JEUNESSE, *éternuant*. J'aime autant recevoir mon congé. Un service terrible, et toujours un train d'enfer !

L'ÉVEILLÉ, *pleurant*. Un pauvre homme de bien est traité comme un misérable.

BARTHOLO. Sors donc, pauvre homme de bien ! *(Il les contrefait.)* Et t'chi et t'cha ; l'un m'éternue au nez, l'autre m'y bâille.

LA JEUNESSE. Ah, Monsieur, je vous jure que, sans Mademoiselle, il n'y aurait... il n'y aurait pas moyen de rester dans la maison.

Il sort en éternuant.

BARTHOLO. Dans quel état ce Figaro les a mis tous ! Je vois ce que c'est : le maraud voudrait me payer mes cent écus sans bourse délier...

Scène 8

BARTHOLO, DON BAZILE ; FIGARO, *caché dans le cabinet, paraît de temps en temps, et les écoute*

BARTHOLO *continue*. Ah ! don Bazile, vous veniez donner à Rosine sa leçon de musique ?

BAZILE. C'est ce qui presse le moins.

BARTHOLO. J'ai passé chez vous sans vous trouver.

BAZILE. J'étais sorti pour vos affaires. Apprenez une nouvelle assez fâcheuse.

BARTHOLO. Pour vous ?

BAZILE. Non, pour vous. Le comte Almaviva est en cette ville.

BARTHOLO. Parlez bas. Celui qui faisait chercher Rosine dans tout Madrid ?

BAZILE. Il loge à la grande place, et sort tous les jours déguisé.

BARTHOLO. Il n'en faut point douter, cela me regarde. Et que faire ?

BAZILE. Si c'était un particulier, on viendrait à bout de l'écarter.

BARTHOLO. Oui, en s'embusquant le soir, armé, cuirassé...

BAZILE. *Bone Deus !* se compromettre ! Susciter une méchante affaire, à la bonne heure ; et pendant la fermentation, calomnier à dire d'experts ; *concedo.*

BARTHOLO. Singulier moyen de se défaire d'un homme !

BAZILE. La calomnie, Monsieur ! Vous ne savez guère ce que vous dédaignez ; j'ai vu les plus honnêtes gens près d'en être accablés. Croyez qu'il n'y a pas de plate méchanceté, pas d'horreurs, pas de conte absurde, qu'on ne fasse adopter aux oisifs d'une grande ville en s'y prenant bien : et nous avons ici des gens d'une adresse !... D'abord un bruit léger, rasant le sol comme hirondelle avant l'orage, *pianissimo* murmure et file, et sème en courant le trait empoisonné. Telle bouche le recueille, et *piano, piano,* vous le glisse en l'oreille adroitement. Le mal est fait ; il germe, il rampe, il chemine, et *rinforzando* de bouche en bouche il va le diable ; puis tout à coup, ne sais comment, vous voyez calomnie se dresser, siffler, s'enfler, grandir à vue d'œil. Elle s'élance, étend son vol, tourbillonne, enveloppe, arrache, entraîne, éclate et tonne, et devient, grâce au Ciel, un cri général, un *crescendo* public, un *chorus* universel de haine et de proscription. Qui diable y résisterait ?

BARTHOLO. Mais quel radotage me faites-vous donc là, Bazile ? Et quel rapport ce *piano-crescendo* peut-il avoir à ma situation ?

BAZILE. Comment, quel rapport ? Ce qu'on fait partout pour écarter son ennemi, il faut le faire ici pour empêcher le vôtre d'approcher.

BARTHOLO. D'approcher ? Je prétends bien épouser Rosine avant qu'elle apprenne seulement que ce comte existe.

BAZILE. En ce cas, vous n'avez pas un instant à perdre.

BARTHOLO. Et à qui tient-il, Bazile ? Je vous ai chargé de tous les détails de cette affaire.

BAZILE. Oui, mais vous avez lésiné sur les frais, et dans l'harmonie du bon ordre, un mariage inégal, un jugement inique, un passe-droit évident, sont des dissonances qu'on doit toujours préparer et sauver par l'accord parfait de l'or.

BARTHOLO, *lui donnant de l'argent*. Il faut en passer par où vous voulez ; mais finissons.

BAZILE. Cela s'appelle parler. Demain, tout sera terminé : c'est à vous d'empêcher que personne, aujourd'hui, ne puisse instruire la pupille.

BARTHOLO. Fiez-vous-en à moi. Viendrez-vous ce soir, Bazile ?

BAZILE. N'y comptez pas. Votre mariage seul m'occupera toute la journée ; n'y comptez pas.

BARTHOLO *l'accompagne*. Serviteur.

BAZILE. Restez, docteur, restez donc.

BARTHOLO. Non pas. Je veux fermer sur vous la porte de la rue.

Scène 9

FIGARO, *seul, sortant du cabinet*

Oh ! la bonne précaution ! Ferme, ferme la porte de la rue ; et moi je vais la rouvrir au comte en sortant. C'est un grand maraud que ce Bazile ! heureusement il est encore plus sot. Il faut un état, une famille, un nom, un rang, de la consistance enfin, pour faire sensation dans le monde en calomniant. Mais un Bazile ! il médirait, qu'on ne le croirait pas.

Scène 10

ROSINE, *accourant* ; FIGARO

ROSINE. Quoi ! vous êtes encore là, monsieur Figaro ?

FIGARO. Très heureusement pour vous, Mademoiselle. Votre tuteur et votre maître à chanter, se croyant seuls ici, viennent de parler à cœur ouvert...

ROSINE. Et vous les avez écoutés, monsieur Figaro ? Mais savez-vous que c'est fort mal !

FIGARO. D'écouter ? C'est pourtant tout ce qu'il y a de mieux pour bien entendre. Apprenez que votre tuteur se dispose à vous épouser demain.

ROSINE. Ah ! grands dieux !

FIGARO. Ne craignez rien ; nous lui donnerons tant d'ouvrage, qu'il n'aura pas le temps de songer à celui-là.

ROSINE. Le voici qui revient ; sortez donc par le petit escalier. Vous me faites mourir de frayeur.

Figaro s'enfuit.

Scène 11

BARTHOLO, ROSINE

ROSINE. Vous étiez ici avec quelqu'un, Monsieur ?

BARTHOLO. Don Bazile que j'ai reconduit, et pour cause. Vous eussiez mieux aimé que c'eût été monsieur Figaro ?

ROSINE. Cela m'est fort égal, je vous assure.

BARTHOLO. Je voudrais bien savoir ce que ce barbier avait de si pressé à vous dire ?

ROSINE. Faut-il parler sérieusement ? Il m'a rendu compte de l'état de Marceline, qui même n'est pas trop bien, à ce qu'il dit.

BARTHOLO. Vous rendre compte ! Je vais parier qu'il était chargé de vous remettre quelque lettre.

ROSINE. Et de qui, s'il vous plaît ?

BARTHOLO. Oh ! de qui ! De quelqu'un que les femmes ne nomment jamais. Que sais-je, moi ? Peut-être la réponse au papier de la fenêtre.

ROSINE, *à part*. Il n'en a pas manqué une seule. *(Haut.)* Vous mériteriez bien que cela fût.

BARTHOLO *regarde les mains de Rosine*. Cela est. Vous avez écrit.

ROSINE, *avec embarras*. Il serait assez plaisant que vous eussiez le projet de m'en faire convenir.

BARTHOLO, *lui prenant la main droite*. Moi ! point du tout ; mais votre doigt encore taché d'encre ! Hein ? rusée signora !

ROSINE, *à part*. Maudit homme !

BARTHOLO, *lui tenant toujours la main*. Une femme se croit bien en sûreté, parce qu'elle est seule.

ROSINE. Ah ! sans doute... La belle preuve !... Finissez donc, Monsieur, vous me tordez le bras. Je me suis brûlée en chiffonnant autour de cette bougie ; et l'on m'a toujours dit qu'il fallait aussitôt tremper dans l'encre : c'est ce que j'ai fait.

BARTHOLO. C'est ce que vous avez fait ? Voyons donc si un second témoin confirmera la déposition du premier. C'est ce cahier de papier où je suis certain qu'il y avait six feuilles ; car je les compte tous les matins, aujourd'hui encore.

ROSINE, *à part*. Oh ! imbécile !...

BARTHOLO, *comptant*. Trois, quatre, cinq...

ROSINE. La sixième...

BARTHOLO. Je vois bien qu'elle n'y est pas, la sixième.

ROSINE, *baissant les yeux*. La sixième ? Je l'ai employée à faire un cornet pour des bonbons que j'ai envoyés à la petite Figaro.

BARTHOLO. A la petite Figaro ? Et la plume qui était

toute neuve, comment est-elle devenue noire ? Est-ce en écrivant l'adresse de la petite Figaro ?

ROSINE, *à part*. Cet homme a un instinct de jalousie !... *(Haut.)* Elle m'a servi à retracer une fleur effacée sur la veste que je vous brode au tambour.

BARTHOLO. Que cela est édifiant ! Pour qu'on vous crût, mon enfant, il faudrait ne pas rougir en déguisant coup sur coup la vérité ; mais c'est ce que vous ne savez pas encore.

ROSINE. Eh ! qui ne rougirait pas, Monsieur, de voir tirer des conséquences aussi malignes des choses le plus innocemment faites ?

BARTHOLO. Certes, j'ai tort. Se brûler le doigt, le tremper dans l'encre, faire des cornets aux bonbons pour la petite Figaro, et dessiner ma veste au tambour ! quoi de plus innocent ? Mais que de mensonges entassés pour cacher un seul fait !... *Je suis seule, on ne me voit point ; je pourrai mentir à mon aise*. Mais le bout du doigt reste noir, la plume est tachée, le papier manque ! On ne saurait penser à tout. Bien certainement, signora, quand j'irai par la ville, un bon double tour me répondra de vous.

Scène 12

LE COMTE, BARTHOLO, ROSINE

LE COMTE, *en uniforme de cavalier, ayant l'air d'être entre deux vins, et chantant : « Réveillons-la, etc. »*

BARTHOLO. Mais que nous veut cet homme ? Un soldat ! Rentrez chez vous, signora.

LE COMTE *chante « Réveillons-la », et s'avance vers Rosine*. Qui de vous deux, Mesdames, se nomme le docteur Balordo ? *(A Rosine, bas.)* Je suis Lindor.

BARTHOLO. Bartholo !

ROSINE, *à part*. Il parle de Lindor.

LE COMTE. Balordo, Barque à l'eau ; je m'en moque comme de ça. Il s'agit seulement de savoir laquelle des deux... *(A Rosine, lui montrant un papier.)* Prenez cette lettre.

BARTHOLO. Laquelle ! Vous voyez bien que c'est moi ! Laquelle ! Rentrez donc, Rosine ; cet homme paraît avoir du vin.

ROSINE. C'est pour cela, Monsieur ; vous êtes seul. Une femme en impose quelquefois.

BARTHOLO. Rentrez, rentrez ; je ne suis pas timide.

Scène 13

LE COMTE, BARTHOLO

LE COMTE. Oh ! je vous ai reconnu d'abord à votre signalement.

BARTHOLO, *au comte, qui serre la lettre.* Qu'est-ce que c'est donc, que vous cachez là dans votre poche ?

LE COMTE. Je le cache dans ma poche, pour que vous ne sachiez pas ce que c'est.

BARTHOLO. Mon signalement ! Ces gens-là croient toujours parler à des soldats.

LE COMTE. Pensez-vous que ce soit une chose si difficile à faire que votre signalement ?

(AIR : *Ici sont venus en personne*)
Le chef branlant, la tête chauve,
Les yeux vérons, le regard fauve,
L'air farouche d'un Algonquin,
La taille lourde et déjetée,
L'épaule droite surmontée,
Le teint grenu d'un Maroquin,
Le nez fait comme un baldaquin,
La jambe pote et circonflexe,
Le ton bourru, la voix perplexe,
Tous les appétits destructeurs ;
Enfin la perle des docteurs.

BARTHOLO. Qu'est-ce que cela veut dire ? Êtes-vous ici pour m'insulter ? Délogez à l'instant.

LE COMTE. Déloger ! Ah, fi ! que c'est mal parler ! Savez-vous lire, docteur... Barbe à l'eau ?

BARTHOLO. Autre question saugrenue.

LE COMTE. Oh ! que cela ne vous fasse pas de peine ; car, moi qui suis pour le moins aussi docteur que vous...

BARTHOLO. Comment cela ?

LE COMTE. Est-ce que je ne suis pas le médecin des chevaux du régiment ? Voilà pourquoi l'on m'a exprès logé chez un confrère.

BARTHOLO. Oser comparer un maréchal !...

LE COMTE.

(AIR : *Vive le vin*)

Sans chanter.
Non, docteur, je ne prétends pas
Que notre art obtienne le pas
Sur Hippocrate et sa bridge.

En chantant.
Votre savoir, mon camarade,
Est d'un succès plus général ;
Car s'il n'emporte point le mal,
Il emporte au moins le malade.

C'est-il poli ce que je vous dis là ?

BARTHOLO. Il vous sied bien, manipuleur ignorant, de ravaler ainsi le premier, le plus grand et le plus utile des arts !

LE COMTE. Utile tout à fait, pour ceux qui l'exercent.

BARTHOLO. Un art dont le soleil s'honore d'éclairer les succès !

LE COMTE. Et dont la terre s'empresse de couvrir les bévues.

BARTHOLO. On voit bien, malappris, que vous n'êtes habitué de parler qu'à des chevaux.

LE COMTE. Parler à des chevaux ! Ah, docteur ! pour un docteur d'esprit... N'est-il pas de notoriété que le maréchal guérit toujours ses malades sans leur parler ; au lieu que le médecin parle beaucoup aux siens...

BARTHOLO. Sans les guérir, n'est-ce pas ?

LE COMTE. C'est vous qui l'avez dit.

BARTHOLO. Qui diable envoie ici ce maudit ivrogne ?

LE COMTE. Je crois que vous me lâchez des épigrammes, l'Amour !

BARTHOLO. Enfin, que voulez-vous, que demandez-vous ?

LE COMTE, *feignant une grande colère*. Eh bien donc, il s'enflamme ! Ce que je veux ? Est-ce que vous ne le voyez pas ?

Scène 14

ROSINE, LE COMTE, BARTHOLO

ROSINE, *accourant*. Monsieur le soldat, ne vous emportez point, de grâce ! *(A Bartholo.)* Parlez-lui doucement, Monsieur ; un homme qui déraisonne...

LE COMTE. Vous avez raison ; il déraisonne, lui ; mais nous sommes raisonnables, nous ! Moi poli, et vous jolie... enfin suffit. La vérité, c'est que je ne veux avoir affaire qu'à vous dans la maison.

ROSINE. Que puis-je pour votre service, monsieur le soldat ?

LE COMTE. Une petite bagatelle, mon enfant. Mais s'il y a de l'obscurité dans mes phrases...

ROSINE. J'en saisirai l'esprit.

LE COMTE, *lui montrant la lettre*. Non, attachez-vous à la lettre, à la lettre. Il s'agit seulement... mais je dis en tout bien tout honneur, que vous me donniez à coucher ce soir.

BARTHOLO. Rien que cela ?

LE COMTE. Pas davantage. Lisez le billet doux que notre maréchal des logis vous écrit.

BARTHOLO. Voyons. *(Le comte cache la lettre, et lui donne un autre papier. Bartholo lit.)* « Le docteur Bartholo recevra, nourrira, hébergera, couchera... »

LE COMTE, *appuyant*. Couchera.

BARTHOLO. « Pour une nuit seulement, le nommé Lindor dit l'Écolier, cavalier du régiment... »

ROSINE. C'est lui, c'est lui-même.

BARTHOLO, *vivement à Rosine*. Qu'est-ce qu'il y a ?

LE COMTE. Eh bien, ai-je tort à présent, docteur Barbaro ?

BARTHOLO. On dirait que cet homme se fait un malin plaisir de m'estropier de toutes les manières possibles. Allez au diable, Barbaro, Barbe à l'eau ! et dites à votre impertinent maréchal des logis que, depuis mon voyage à Madrid, je suis exempt de loger des gens de guerre.

LE COMTE, *à part*. Ô ciel ! fâcheux contretemps !

BARTHOLO. Ah, ah, notre ami, cela vous contrarie et vous dégrise un peu ! Mais n'en décampez pas moins à l'instant.

LE COMTE, *à part*. J'ai pensé me trahir. *(Haut.)* Décamper ! Si vous êtes exempt de gens de guerre, vous n'êtes pas exempt de politesse, peut-être ? Décamper ! montrez-moi votre brevet d'exemption ; quoique je ne sache pas lire, je verrai bientôt...

BARTHOLO. Qu'à cela ne tienne. Il est dans ce bureau.

LE COMTE, *pendant qu'il y va, dit, sans quitter sa place*. Ah ! ma belle Rosine !

ROSINE. Quoi ! Lindor, c'est vous ?

LE COMTE. Recevez au moins cette lettre.

ROSINE. Prenez garde, il a les yeux sur nous.

LE COMTE. Tirez votre mouchoir, je la laisserai tomber.

Il s'approche.

BARTHOLO. Doucement, doucement, seigneur soldat ; je n'aime point qu'on regarde ma femme de si près.

LE COMTE. Elle est votre femme ?

BARTHOLO. Eh quoi donc ?

LE COMTE. Je vous ai pris pour son bisaïeul paternel, maternel, sempiternel : il y a au moins trois générations entre elle et vous.

BARTHOLO *lit un parchemin.* « Sur les bons et fidèles témoignages qui nous ont été rendus... »

LE COMTE *donne un coup de main sous les parchemins, qui les envoie au plancher.* Est-ce que j'ai besoin de tout ce verbiage ?

BARTHOLO. Savez-vous bien, soldat, que si j'appelle mes gens, je vous fais traiter sur-le-champ comme vous le méritez ?

LE COMTE. Bataille ? Ah, volontiers, bataille ! c'est mon métier à moi *(Montrant son pistolet de ceinture.)*, et voici de quoi leur jeter de la poudre aux yeux. Vous n'avez peut-être jamais vu de bataille, Madame ?

ROSINE. Ni ne veux en voir.

LE COMTE. Rien n'est pourtant aussi gai que bataille. Figurez-vous *(poussant le docteur)* d'abord que l'ennemi est d'un côté du ravin, et les amis de l'autre. *(A Rosine, en lui montrant la lettre.)* Sortez le mouchoir. *(Il crache à terre.)* Voilà le ravin, cela s'entend.

Rosine tire son mouchoir, le comte laisse tomber sa lettre entre elle et lui.

BARTHOLO, *se baissant.* Ah ! ah !

LE COMTE *la reprend et dit.* Tenez... moi qui allais vous apprendre ici les secrets de mon métier... Une femme bien discrète, en vérité ! ne voilà-t-il pas un billet doux qu'elle laisse tomber de sa poche ?

BARTHOLO. Donnez, donnez.

LE COMTE. *Dulciter*, papa ! chacun son affaire. Si une ordonnance de rhubarbe était tombée de la vôtre ?

ROSINE *avance la main.* Ah ! je sais ce que c'est, monsieur le soldat.

Elle prend la lettre, qu'elle cache dans la petite poche de son tablier.

BARTHOLO. Sortez-vous enfin ?

LE COMTE. Eh bien, je sors. Adieu, docteur ; sans rancune. Un petit compliment, mon cœur : priez la mort de m'oublier encore quelques campagnes ; la vie ne m'a jamais été si chère.

BARTHOLO. Allez toujours. Si j'avais ce crédit-là sur la mort...

LE COMTE. Sur la mort ? N'êtes-vous pas médecin ? Vous faites tant de choses pour elle, qu'elle n'a rien à vous refuser.

Il sort.

Scène 15

BARTHOLO, ROSINE

BARTHOLO *le regarde aller.* Il est enfin parti. *(A part.)* Dissimulons.

ROSINE. Convenez pourtant, Monsieur, qu'il est bien gai, ce jeune soldat ! A travers son ivresse, on voit qu'il ne manque ni d'esprit, ni d'une certaine éducation.

BARTHOLO. Heureux, m'amour, d'avoir pu nous en délivrer ! Mais n'es-tu pas un peu curieuse de lire avec moi le papier qu'il t'a remis ?

ROSINE. Quel papier ?

BARTHOLO. Celui qu'il a feint de ramasser pour te le faire accepter.

ROSINE. Bon ! c'est la lettre de mon cousin l'officier, qui était tombée de ma poche.

BARTHOLO. J'ai idée, moi, qu'il l'a tirée de la sienne.

ROSINE. Je l'ai très bien reconnue.

BARTHOLO. Qu'est-ce qu'il te coûte d'y regarder ?

ROSINE. Je ne sais pas seulement ce que j'en ai fait.

BARTHOLO, *montrant la pochette*. Tu l'as mise là.

ROSINE. Ah, ah, par distraction.

BARTHOLO. Ah ! sûrement. Tu vas voir que ce sera quelque folie.

ROSINE, *à part*. Si je ne le mets pas en colère, il n'y aura pas moyen de refuser.

BARTHOLO. Donne donc, mon cœur.

ROSINE. Mais, quelle idée avez-vous en insistant, Monsieur ? Est-ce encore quelque méfiance ?

BARTHOLO. Mais vous, quelle raison avez-vous de ne pas la montrer ?

ROSINE. Je vous répète, Monsieur, que ce papier n'est autre que la lettre de mon cousin, que vous m'avez rendue hier toute décachetée ; et puisqu'il en est question, je vous dirai tout net que cette liberté me déplaît excessivement.

BARTHOLO. Je ne vous entends pas.

ROSINE. Vais-je examiner les papiers qui vous arrivent ? Pourquoi vous donnez-vous les airs de toucher à ceux qui me sont adressés ? Si c'est jalousie, elle m'insulte ; s'il s'agit de l'abus d'une autorité usurpée, j'en suis plus révoltée encore.

BARTHOLO. Comment, révoltée ! Vous ne m'avez jamais parlé ainsi.

ROSINE. Si je me suis modérée jusqu'à ce jour, ce n'était pas pour vous donner le droit de m'offenser impunément.

BARTHOLO. De quelle offense parlez-vous ?

ROSINE. C'est qu'il est inouï qu'on se permette d'ouvrir les lettres de quelqu'un.

BARTHOLO. De sa femme ?

ROSINE. Je ne la suis pas encore. Mais pourquoi lui donnerait-on la préférence d'une indignité qu'on ne fait à personne ?

BARTHOLO. Vous voulez me faire prendre le change, et détourner mon attention du billet qui, sans doute, est une missive de quelque amant. Mais je le verrai, je vous assure.

ROSINE. Vous ne le verrez pas. Si vous m'approchez, je m'enfuis de cette maison, et je demande retraite au premier venu.

BARTHOLO. Qui ne vous recevra point.

ROSINE. C'est ce qu'il faudra voir.

BARTHOLO. Nous ne sommes pas ici en France, où l'on donne toujours raison aux femmes ; mais, pour vous en ôter la fantaisie, je vais fermer la porte.

ROSINE, *pendant qu'il y va*. Ah Ciel ! que faire ?... Mettons vite à la place la lettre de mon cousin, et donnons-lui beau jeu de la prendre.

Elle fait l'échange, et met la lettre du cousin dans sa pochette, de façon qu'elle sorte un peu.

BARTHOLO, *revenant*. Ah ! j'espère maintenant la voir.

ROSINE. De quel droit, s'il vous plaît ?

BARTHOLO. Du droit le plus universellement reconnu, celui du plus fort.

ROSINE. On me tuera plutôt que de l'obtenir de moi.

BARTHOLO, *frappant du pied*. Madame ! Madame !...

ROSINE *tombe sur un fauteuil, et feint de se trouver mal*. Ah ! quelle indignité !...

BARTHOLO. Donnez cette lettre, ou craignez ma colère.

ROSINE, *renversée*. Malheureuse Rosine !

BARTHOLO. Qu'avez-vous donc ?

ROSINE. Quel avenir affreux !

BARTHOLO. Rosine !

ROSINE. J'étouffe de fureur.

BARTHOLO. Elle se trouve mal.

ROSINE. Je m'affaiblis, je meurs.

BARTHOLO *lui tâte le pouls et dit à part*. Dieux ! la lettre ! Lisons-la sans qu'elle en soit instruite.

Il continue à lui tâter le pouls, et prend la lettre, qu'il tâche de lire en se tournant un peu.

ROSINE, *toujours renversée*. Infortunée ! ah !...

BARTHOLO *lui quitte le bras, et dit à part*. Quelle rage a-t-on d'apprendre ce qu'on craint toujours de savoir !

ROSINE. Ah ! pauvre Rosine !

BARTHOLO. L'usage des odeurs !... produit ces affections spasmodiques.

Il lit par-derrière le fauteuil, en lui tâtant le pouls. Rosine se relève un peu, le regarde finement, fait un geste de tête, et se remet sans parler.

BARTHOLO, *à part*. Ô Ciel ! c'est la lettre de son cousin. Maudite inquiétude ! Comment l'apaiser maintenant ? Qu'elle ignore au moins que je l'ai lue !

Il fait semblant de la soutenir, et remet la lettre dans la pochette.

ROSINE *soupire*. Ah !...

BARTHOLO. Eh bien ! ce n'est rien, mon enfant ; un petit mouvement de vapeurs, voilà tout ; car ton pouls n'a seulement pas varié.

Il va prendre un flacon sur la console.

ROSINE, *à part*. Il a remis la lettre ! fort bien.

BARTHOLO. Ma chère Rosine, un peu de cette eau spiritueuse ?

ROSINE. Je ne veux rien de vous : laissez-moi.

BARTHOLO. Je conviens que j'ai montré trop de vivacité sur ce billet.

ROSINE. Il s'agit bien du billet ! C'est votre façon de demander les choses qui est révoltante.

BARTHOLO, *à genoux*. Pardon : j'ai bientôt senti tous mes torts ; et tu me vois à tes pieds, prêt à les réparer.

ROSINE. Oui, pardon ! lorsque vous croyez que cette lettre ne vient pas de mon cousin.

BARTHOLO. Qu'elle soit d'un autre ou de lui, je ne veux aucun éclaircissement.

ROSINE, *lui présentant la lettre*. Vous voyez qu'avec de bonnes façons, on obtient tout de moi. Lisez-la.

BARTHOLO. Cet honnête procédé dissiperait mes soupçons, si j'étais assez malheureux pour en conserver.

ROSINE. Lisez-la donc, Monsieur.

BARTHOLO *se retire*. A Dieu ne plaise que je te fasse une pareille injure !

ROSINE. Vous me contrariez de la refuser.

BARTHOLO. Reçois en réparation cette marque de ma parfaite confiance. Je vais voir la pauvre Marceline, que ce Figaro a, je ne sais pourquoi, saignée au pied ; n'y viens-tu pas aussi ?

ROSINE. J'y monterai dans un moment.

BARTHOLO. Puisque la paix est faite, mignonne, donne-moi ta main. Si tu pouvais m'aimer, ah ! comme tu serais heureuse.

ROSINE, *baissant les yeux*. Si vous pouviez me plaire, ah ! comme je vous aimerais.

BARTHOLO. Je te plairai, je te plairai ; quand je te dis que je te plairai !

Il sort.

Scène 16

ROSINE *le regarde aller*

Ah ! Lindor ! Il dit qu'il me plaira !... Lisons cette lettre, qui a manqué de me causer tant de chagrin. *(Elle lit et s'écrie.)* Ha !... j'ai lu trop tard ; il me recommande de tenir une querelle ouverte avec mon tuteur : j'en avais une si bonne, et je l'ai laissée échapper. En recevant la lettre, j'ai senti que je rougissais jusqu'aux yeux. Ah ! mon tuteur a raison : je suis bien loin d'avoir cet usage du monde qui, me dit-il souvent, assure le maintien des femmes en toute occasion ! Mais un homme injuste parviendrait à faire une rusée de l'innocence même.

Acte III

Scène 1

BARTHOLO, *seul et désolé*

Quelle humeur ! quelle humeur ! Elle paraissait apaisée... Là, qu'on me dise qui diable lui a fourré dans la tête de ne plus vouloir prendre leçon de don Bazile ! Elle sait qu'il se mêle de mon mariage... *(On heurte à la porte.)* Faites tout au monde pour plaire aux femmes ; si vous omettez un seul petit point... je dis un seul... *(On heurte une seconde fois.)* Voyons qui c'est.

Scène 2

BARTHOLO, LE COMTE, *en bachelier*

LE COMTE. Que la paix et la joie habitent toujours céans !

BARTHOLO, *brusquement*. Jamais souhait ne vint plus à propos. Que voulez-vous ?

LE COMTE. Monsieur, je suis Alonzo, bachelier, licencié...

BARTHOLO. Je n'ai pas besoin de précepteur.

LE COMTE. ... élève de don Bazile, organise du grand couvent, qui a l'honneur de montrer la musique à madame votre...

BARTHOLO. Bazile ! organise ! qui a l'honneur !... Je le sais ! au fait.

LE COMTE, *à part*. Quel homme ! *(Haut.)* Un mal subit qui le force à garder le lit...

BARTHOLO. Garder le lit ! Bazile ! Il a bien fait d'envoyer, je vais le voir à l'instant.

LE COMTE, *à part*. Oh diable ! *(Haut.)* Quand je dis le lit, monsieur, c'est... la chambre que j'entends.

BARTHOLO. Ne fût-il qu'incommodé ! Marchez devant, je vous suis.

LE COMTE, *embarrassé*. Monsieur, j'étais chargé... Personne ne peut-il nous entendre ?

BARTHOLO, *à part*. C'est quelque fripon. *(Haut.)* Eh non, monsieur le mystérieux ! parlez sans vous troubler, si vous pouvez.

LE COMTE, *à part*. Maudit vieillard ! *(Haut.)* Don Bazile m'avait chargé de vous apprendre...

BARTHOLO. Parlez haut, je suis sourd d'une oreille.

LE COMTE, *élevant la voix*. Ah ! volontiers... que le comte Almaviva, qui restait à la grande place...

BARTHOLO, *effrayé*. Parlez bas ; parlez bas !

LE COMTE, *plus haut*. ... en est délogé ce matin. Comme c'est par moi qu'il a su que le comte Almaviva...

BARTHOLO. Bas ; parlez bas, je vous prie.

LE COMTE, *du même ton*. ... était en cette ville, et que j'ai découvert que la signora Rosine lui a écrit...

BARTHOLO. Lui a écrit ? Mon cher ami, parlez plus bas, je vous en conjure ! Tenez, asseyons-nous, et jasons d'amitié. Vous avez découvert, dites-vous, que Rosine...

LE COMTE, *fièrement*. Assurément. Bazile, inquiet pour vous de cette correspondance, m'avait prié de vous montrer sa lettre ; mais la manière dont vous prenez les choses...

BARTHOLO. Eh ! mon Dieu ! je les prends bien. Mais ne vous est-il donc pas possible de parler plus bas ?

LE COMTE. Vous êtes sourd d'une oreille, avez-vous dit.

BARTHOLO. Pardon, pardon, seigneur Alonzon, si vous m'avez trouvé méfiant et dur ; mais je suis tellement entouré d'intrigants, de pièges... ; et puis votre tournure, votre âge, votre air... Pardon, pardon. Eh bien ! vous avez la lettre ?

LE COMTE. A la bonne heure sur ce ton, Monsieur ! mais je crains qu'on ne soit aux écoutes.

BARTHOLO. Eh ! qui voulez-vous ? tous mes valets sur les dents ! Rosine enfermée de fureur ! Le diable est entré chez moi. Je vais encore m'assurer...

Il va ouvrir doucement la porte de Rosine.

LE COMTE, *à part*. Je me suis enferré de dépit. Garder la lettre à présent ! Il faudra m'enfuir : autant vaudrait n'être pas venu... La lui montrer !... Si je puis en prévenir Rosine, la montrer est un coup de maître.

BARTHOLO *revient sur la pointe des pieds*. Elle est assise auprès de sa fenêtre, le dos tourné à la porte, occupée à relire une lettre de son cousin l'officier, que j'avais décachetée... Voyons donc la sienne.

LE COMTE *lui remet la lettre de Rosine*. La voici. *(A part.)* C'est ma lettre qu'elle relit.

BARTHOLO *lit*. « *Depuis que vous m'avez appris votre nom et votre état...* » Ah ! la perfide ! c'est bien là sa main.

LE COMTE, *effrayé*. Parlez donc bas à votre tour.

BARTHOLO. Quelle obligation, mon cher !...

LE COMTE. Quand tout sera fini, si vous croyez m'en devoir, vous serez le maître. D'après un travail que fait actuellement don Bazile avec un homme de loi...

BARTHOLO. Avec un homme de loi, pour mon mariage ?

LE COMTE. Vous aurais-je arrêté sans cela ? Il m'a

chargé de vous dire que tout peut être prêt pour demain. Alors, si elle résiste...

BARTHOLO. Elle résistera.

LE COMTE *veut reprendre la lettre, Bartholo la serre.* Voilà l'instant où je puis vous servir : nous lui montrerons sa lettre et s'il le faut *(Plus mystérieusement.)* j'irai jusqu'à lui dire que je la tiens d'une femme à qui le comte l'a sacrifiée. Vous sentez que le trouble, la honte, le dépit peuvent la porter sur-le-champ...

BARTHOLO, *riant.* De la calomnie ! Mon cher ami, je vois bien maintenant que vous venez de la part de Bazile ! Mais pour que ceci n'eût pas l'air concerté, ne serait-il pas bon qu'elle vous connût d'avance ?

LE COMTE *réprime un grand mouvement de joie.* C'est assez l'avis de don Bazile. Mais comment faire ? il est tard... au peu de temps qui reste...

BARTHOLO. Je dirai que vous venez en sa place. Ne lui donnerez-vous pas bien une leçon ?

LE COMTE. Il n'y a rien que je ne fasse pour vous plaire. Mais prenez garde que toutes ces histoires de maîtres supposés sont de vieilles finesses, des moyens de comédie. Si elle va se douter... ?

BARTHOLO. Présenté par moi, quelle apparence ? Vous avez plus l'air d'un amant déguisé que d'un ami officieux.

LE COMTE. Oui ? Vous croyez donc que mon air peut aider à la tromperie ?

BARTHOLO. Je le donne au plus fin à deviner. Elle est ce soir d'une humeur horrible. Mais quand elle ne ferait que vous voir... Son clavecin est dans ce cabinet. Amusez-vous en l'attendant : je vais faire l'impossible pour l'amener.

LE COMTE. Gardez-vous bien de lui parler de la lettre !

BARTHOLO. Avant l'instant décisif ? Elle perdrait tout son effet. Il ne faut pas me dire deux fois les choses ; il ne faut pas me les dire deux fois.

Il s'en va.

Scène 3

LE COMTE, *seul*

Me voilà sauvé. Ouf ! Que ce diable d'homme est rude à manier ! Figaro le connaît bien. Je me voyais mentir ; cela me donnait un air plat et gauche ; et il a des yeux !... Ma foi, sans l'inspiration subite de la lettre, il faut l'avouer, j'étais éconduit comme un sot. Ô Ciel ! on dispute là-dedans. Si elle allait s'obstiner à ne pas venir ! Écoutons... Elle refuse de sortir chez elle, et j'ai perdu le fruit de ma ruse. *(Il retourne écouter.)* La voici ; ne nous montrons pas d'abord.

Il entre dans le cabinet.

Scène 4

LE COMTE, ROSINE, BARTHOLO

ROSINE, *avec une colère simulée.* Tout ce que vous direz est inutile, Monsieur. J'ai pris mon parti ; je ne veux plus entendre parler de musique.

BARTHOLO. Écoutez donc, mon enfant ; c'est le seigneur Alonzo, l'élève et l'ami de don Bazile, choisi par lui pour être un de nos témoins... La musique te calmera, je t'assure.

ROSINE. Oh ! pour cela, vous pouvez vous en détacher. Si je chante ce soir !... Où donc est-il ce maître que vous craignez de renvoyer ? Je vais, en deux mots, lui donner son compte, et celui de Bazile. *(Elle aperçoit son amant ; elle fait un cri.)* Ah !...

BARTHOLO. Qu'avez-vous ?

ROSINE, *les deux mains sur son cœur, avec un grand trouble.* Ah ! mon Dieu, Monsieur... Ah ! mon Dieu, Monsieur...

BARTHOLO. Elle se trouve encore mal ! Seigneur Alonzo !

ROSINE. Non, je ne me trouve pas mal... mais c'est qu'en me tournant... Ah !...

LE COMTE. Le pied vous a tourné, Madame ?

ROSINE. Ah ! oui, le pied m'a tourné. Je me suis fait un mal horrible.

LE COMTE. Je m'en suis bien aperçu.

ROSINE, *regardant le comte*. Le coup m'a porté au cœur.

BARTHOLO. Un siège, un siège. Et pas un fauteuil ici ?

Il va le chercher.

LE COMTE. Ah ! Rosine !

ROSINE. Quelle imprudence !

LE COMTE. J'ai mille choses essentielles à vous dire.

ROSINE. Il ne nous quittera pas.

LE COMTE. Figaro va venir nous aider.

BARTHOLO *apporte un fauteuil*. Tiens, mignonne, assieds-toi. — Il n'y a pas d'apparence, bachelier, qu'elle prenne de leçon ce soir ; ce sera pour un autre jour. Adieu.

ROSINE, *au comte*. Non, attendez ; ma douleur est un peu apaisée. *(A Bartholo.)* Je sens que j'ai eu tort avec vous, Monsieur : je veux vous imiter, en réparant sur-le-champ...

BARTHOLO. Oh ! le bon petit naturel de femme ! Mais après une pareille émotion, mon enfant, je ne souffrirai pas que tu fasses le moindre effort. Adieu, adieu, bachelier.

ROSINE, *au comte*. Un moment, de grâce ! *(A Bartholo.)* Je croirai, Monsieur, que vous n'aimez pas à m'obliger, si vous m'empêchez de vous prouver mes regrets en prenant ma leçon.

LE COMTE, *à part, à Bartholo*. Ne la contrariez pas, si vous m'en croyez.

BARTHOLO. Voilà qui est fini, mon amoureuse. Je suis si

loin de chercher à te déplaire, que je veux rester à tout le temps que tu vas étudier.

ROSINE. Non, Monsieur, je sais que la musique n'a nul attrait pour vous.

BARTHOLO. Je t'assure que ce soir elle m'enchantera.

ROSINE, *au comte, à part*. Je suis au supplice.

LE COMTE, *prenant un papier de musique sur le pupitre*. Est-ce là ce que vous voulez chanter, Madame ?

ROSINE. Oui, c'est un morceau très agréable de *La Précaution inutile*.

BARTHOLO. Toujours *La Précaution inutile* ?

LE COMTE. C'est ce qu'il y a de plus nouveau aujourd'hui. C'est une image du printemps, d'un genre assez vif. Si Madame veut l'essayer...

ROSINE, *regardant le comte*. Avec un grand plaisir : un tableau du printemps me ravit ; c'est la jeunesse de la nature. Au sortir de l'hiver, il semble que le cœur acquière un plus haut degré de sensibilité : comme un esclave, enfermé depuis longtemps, goûte avec plus de plaisir le charme de la liberté qui vient de lui être offerte.

BARTHOLO, *bas, au comte*. Toujours des idées romanesques en tête.

LE COMTE, *bas*. En sentez-vous l'application ?

BARTHOLO. Parbleu !

Il va s'asseoir dans le fauteuil qu'a occupé Rosine.

ROSINE *chante.*

Quand, dans la plaine
L'amour ramène
Le printemps
Si chéri des amants,
Tout reprend l'être,
Son feu pénètre

Dans les fleurs
Et dans les jeunes cœurs.
On voit les troupeaux
Sortir des hameaux ;
Dans tous les coteaux
Les cris des agneaux
Retentissent ;
Ils bondissent ;
Tout fermente,
Tout augmente ;
Les brebis paissent
Les fleurs qui naissent ;
Les chiens fidèles
Veillent sur elles ;
Mais Lindor enflammé
Ne songe guère
Qu'au bonheur d'être aimé
De sa bergère.

(Même air)

Loin de sa mère
Cette bergère
Va chantant
Où son amant l'attend.
Par cette ruse,
L'amour l'abuse ;
Mais chanter
Sauve-t-il du danger ?
Les doux chalumeaux,
Les chants des oiseaux,
Ses charmes naissants,
Ses quinze ou seize ans,
Tout l'excite,
Tout l'agite ;
La pauvrette
S'inquiète ;
De sa retraite,
Lindor la guette ;
Elle s'avance ;
Lindor s'élance ;
Il vient de l'embrasser :
Elle, bien aise,
Feint de se courroucer
Pour qu'on l'apaise.

(PETITE REPRISE)

Les soupirs,
Les soins, les promesses,
Les vives tendresses,
Les plaisirs,
Le fin badinage,
Sont mis en usage ;
Et bientôt la bergère
Ne sent plus de colère.
Si quelque jaloux
Trouble un bien si doux,
Nos amants d'accord
Ont un soin extrême...
... De voiler leur transport ;
Mais quand on s'aime,
La gêne ajoute encor
Au plaisir même.

En l'écoutant, Bartholo s'est assoupi. Le comte, pendant la petite reprise, se hasarde à prendre une main qu'il couvre de baisers. L'émotion ralentit le chant de Rosine, l'affaiblit, et finit même par lui couper la voix au milieu de la cadence, au mot : extrême. *L'orchestre suit les mouvements de la chanteuse, affaiblit son jeu, et se tait avec elle. L'absence du bruit qui avait endormi Bartholo le réveille. Le comte se relève, Rosine et l'orchestre reprennent subitement la suite de l'air. Si la petite reprise se répète, le même jeu recommence.*

LE COMTE. En vérité, c'est un morceau charmant ; et Madame l'exécute avec une intelligence...

ROSINE. Vous me flattez, seigneur ; la gloire est tout entière au maître.

BARTHOLO, *bâillant*. Moi, je crois que j'ai un peu dormi pendant le morceau charmant. J'ai mes malades. Je vais, je viens, je toupille, et sitôt que je m'assieds, mes pauvres jambes !

Il se lève et pousse le fauteuil.

ROSINE, *bas au comte*. Figaro ne vient pas !

LE COMTE. Filons le temps.

BARTHOLO. Mais, bachelier, je l'ai déjà dit à ce vieux Bazile : est-ce qu'il n'y aurait pas moyen de lui faire étudier des choses plus gaies que toutes ces grandes aria, qui vont en haut, en bas, en roulant, hi, ho, a, a, a, a, et qui me semblent autant d'enterrements ? Là, de ces petits airs qu'on chantait dans ma jeunesse, et que chacun retenait facilement ? J'en savais autrefois... Par exemple...

Pendant la ritournelle, il cherche en se grattant la tête, et chante en faisant claquer ses pouces, et dansant des genoux comme les vieillards.

Veux-tu, ma Rosinette,
Faire emplette
Du roi des maris ?...

(Au comte, en riant.) Il y a Fanchonnette dans la chanson ; mais j'y ai substitué Rosinette pour la lui rendre plus agréable, et la faire cadrer aux circonstances. Ah, ah, ah, ah ! Fort bien ! pas vrai ?

LE COMTE, *riant*. Ah, ah, ah ! Oui, tout au mieux.

Scène 5

FIGARO, *dans le fond ;* ROSINE, BARTHOLO, LE COMTE

BARTHOLO, *chante.*

Veux-tu, ma Rosinette,
Faire emplette
Du roi des maris ?
Je ne suis point Tircis ;
Mais la nuit, dans l'ombre,
Je vaux encore mon prix ;
Et quand il fait sombre
Les plus beaux chats sont gris.

Il répète la reprise en dansant. Figaro, derrière lui, imite ses mouvements.

Je ne suis point Tircis.

(Apercevant Figaro.) Ah ! entrez, monsieur le barbier ; avancez ; vous êtes charmant !

FIGARO *salue.* Monsieur, il est vrai que ma mère me l'a dit autrefois, mais je suis un peu déformé depuis ce temps-là. *(A part, au comte.)* Bravo, Monseigneur !

Pendant toute cette scène, le comte fait ce qu'il peut pour parler à Rosine ; mais l'œil inquiet et vigilant du tuteur l'en empêche toujours, ce qui forme un jeu muet de tous les acteurs étrangers au débat du docteur et de Figaro.

BARTHOLO. Venez-vous purger encore, saigner, droguer, mettre sur le grabat toute ma maison ?

FIGARO. Monsieur, il n'est pas tous les jours fête ; mais, sans compter les soins quotidiens, Monsieur a pu voir que, lorsqu'ils en ont besoin, mon zèle n'attend pas qu'on lui commande...

BARTHOLO. Votre zèle n'attend pas ! Que direz-vous, monsieur le zélé, à ce malheureux qui bâille et dort tout éveillé ? et à l'autre qui, depuis trois heures, éternue à se faire sauter le crâne et jaillir la cervelle ! que leur direz-vous ?

FIGARO. Ce que je leur dirai ?

BARTHOLO. Oui !

FIGARO. Je leur dirai... Eh, parbleu ! je dirai à celui qui éternue : *Dieu vous bénisse !* et : *Va te coucher à celui qui bâille. Ce n'est pas cela, Monsieur, qui grossira le mémoire.*

BARTHOLO. Vraiment, non ; mais c'est la saignée et les médicaments qui le grossiraient, si je voulais y entendre. Est-ceparzèleaussi,quevousavezempaquetélesyeuxdemamule ? et votre cataplasme lui rendra-t-il la vue ?

FIGARO. S'il ne lui rend pas la vue, ce n'est pas cela non plus qui l'empêchera d'y voir.

BARTHOLO. Que je le trouve sur le mémoire !... On n'est pas de cette extravagance-là !

FIGARO. Ma foi, Monsieur, les hommes n'ayant guère à

choisir qu'entre la sottise et la folie, où je ne vois pas de profit, je veux au moins du plaisir ; et vive la joie ! Qui sait si le monde durera encore trois semaines ?

BARTHOLO. Vous feriez mes cent écus et les intérêts sans lanterner, je vous en avertis.

FIGARO. Doutez-vous de ma probité, Monsieur ? Vos cent écus ! j'aimerais mieux vous les devoir toute ma vie que de les nier un seul instant.

BARTHOLO. Et dites-moi un peu comment la petite Figaro a trouvé les bonbons que vous lui avez portés ?

FIGARO. Quels bonbons ? Que voulez-vous dire ?

BARTHOLO. Oui, ces bonbons, dans ce cornet fait avec cette feuille de papier à lettre, ce matin.

FIGARO. Diable emporte si...

ROSINE, *l'interrompant*. Avez-vous eu soin au moins de les lui donner de ma part, monsieur Figaro ? Je vous l'avais recommandé.

FIGARO. Ah ! ah ! les bonbons de ce matin ? Que je suis bête, moi ! j'avais perdu tout cela de vue... Oh ! excellents, Madame ! admirables !

BARTHOLO. Excellents ! admirables ! Oui, sans doute, monsieur le barbier, revenez sur vos pas ! Vous faites là un joli métier, Monsieur !

FIGARO. Qu'est-ce qu'il a donc, Monsieur ?

BARTHOLO. Et qui vous fera une belle réputation, Monsieur !

FIGARO. Je la soutiendrai, Monsieur.

BARTHOLO. Dites que vous la supporterez, Monsieur.

FIGARO. Comme il vous plaira, Monsieur.

BARTHOLO. Vous le prenez bien haut, Monsieur ! Sachez que quand je dispute avec un fat, je ne lui cède jamais.

FIGARO *lui tourne le dos*. Nous différons en cela, Monsieur ; moi, je lui cède toujours.

BARTHOLO. Hein ? qu'est-ce qu'il dit donc, bachelier ?

FIGARO. C'est que vous croyez avoir affaire à quelque barbier de village, et qui ne sait manier que le rasoir ? Apprenez, Monsieur, que j'ai travaillé de la plume à Madrid, et que sans les envieux...

BARTHOLO. Eh ! que n'y restiez-vous, sans venir ici changer de profession ?

FIGARO. On fait comme on peut. Mettez-vous à ma place.

BARTHOLO. Me mettre à votre place ! Ah ! parbleu, je dirais de belles sottises !

FIGARO. Monsieur, vous ne commencez pas trop mal ; je m'en rapporte à votre confrère qui est là rêvassant.

LE COMTE, *revenant à lui*. Je... je ne suis pas le confrère de Monsieur.

FIGARO. Non ? Vous voyant ici à consulter, j'ai pensé que vous poursuiviez le même objet.

BARTHOLO, *en colère*. Enfin, quel sujet vous amène ? Y a-t-il quelque lettre à remettre encore ce soir à Madame ? Parlez, faut-il que je me retire ?

FIGARO. Comme vous rudoyez le pauvre monde ! Eh ! parbleu, Monsieur, je viens vous raser, voilà tout : n'est-ce pas aujourd'hui votre jour ?

BARTHOLO. Vous reviendrez tantôt.

FIGARO. Ah ! oui, revenir ! Toute la garnison prend médecine demain matin, j'en ai obtenu l'entreprise par mes protections. Jugez donc comme j'ai du temps à perdre ! Monsieur passe-t-il chez lui ?

BARTHOLO. Non, Monsieur ne passe point chez lui. Eh ! mais... qui empêche qu'on ne me rase ici ?

ROSINE, *avec dédain*. Vous êtes honnête ! Et pourquoi pas dans mon appartement ?

BARTHOLO. Tu te fâches ! Pardon, mon enfant, tu vas achever de prendre ta leçon ; c'est pour ne pas perdre un instant le plaisir de t'entendre.

FIGARO, *bas, au comte*. On ne le tirera pas d'ici. *(Haut.)* Alors, L'Éveillé ? La Jeunesse ? le bassin, de l'eau, tout ce qu'il faut à Monsieur.

BARTHOLO. Sans doute, appelez-les ! Fatigués, harassés, moulus de votre façon, n'a-t-il pas fallu les faire coucher !

FIGARO. Eh bien ! j'irai tout chercher. N'est-ce pas dans votre chambre ? *(Bas, au comte)*. Je vais l'attirer dehors.

BARTHOLO *détache son trousseau de clefs, et dit par réflexion*. Non, non, j'y vais moi-même. *(Bas, au comte, en s'en allant.)* Ayez les yeux sur eux, je vous prie.

Scène 6

FIGARO, LE COMTE, ROSINE

FIGARO. Ah ! que nous l'avons manqué belle ! il allait me donner le trousseau. La clef de la jalousie n'y est-elle pas ?

ROSINE. C'est la plus neuve de toutes.

Scène 7

FIGARO, LE COMTE, ROSINE BARTHOLO, *revenant*

BARTHOLO, *à part*. Bon ! je ne sais ce que je fais, de laisser ici ce maudit barbier. *(A Figaro.)* Tenez. *(Il lui donne le trousseau.)* Dans mon cabinet, sous mon bureau ; mais ne touchez à rien.

FIGARO. La peste ! il y ferait bon, méfiant comme vous

êtes ! *(A part, en s'en allant.)* Voyez comme le Ciel protège l'innocence !

Scène 8

BARTHOLO, LE COMTE, ROSINE,

BARTHOLO, *bas, au comte.* C'est le drôle qui a porté la lettre au comte.

LE COMTE, *bas.* Il m'a l'air d'un fripon.

BARTHOLO. Il ne m'attrapera plus.

LE COMTE. Je crois qu'à cet égard le plus fort est fait.

BARTHOLO. Tout considéré, j'ai pensé qu'il était plus prudent de l'envoyer dans ma chambre que de le laisser avec elle.

LE COMTE. Ils n'auraient pas dit un mot que je n'eusse été en tiers.

ROSINE. Il est bien poli, Messieurs, de parler bas sans cesse. Et ma leçon ?

Ici, l'on entend un bruit, comme de vaisselle renversée.

BARTHOLO, *criant.* Qu'est-ce que j'entends donc ? Le cruel barbier aura tout laissé tomber dans l'escalier, et les plus belles pièces de mon nécessaire !...

Il court dehors.

Scène 9

LE COMTE, ROSINE

LE COMTE. Profitons du moment que l'intelligence de Figaro nous ménage. Accordez-moi, ce soir, je vous en conjure, Madame, un moment d'entretien indispensable pour vous soustraire à l'esclavage où vous allez tomber.

ROSINE. Ah ! Lindor !

LE COMTE. Je puis monter à votre jalousie ; et quant à la lettre que j'ai reçue de vous ce matin, je me suis vu forcé...

Scène 10

ROSINE, BARTHOLO, FIGARO, LE COMTE

BARTHOLO. Je ne m'étais pas trompé ; tout est brisé, fracassé.

FIGARO. Voyez le grand malheur pour tant de train ! On ne voit goutte sur l'escalier. *(Il montre la clef au comte.)* Moi, en montant, j'ai accroché une clef...

BARTHOLO. On prend garde à ce qu'on fait. Accrocher une clef ! L'habile homme !

FIGARO. Ma foi, Monsieur, cherchez-en un plus subtil.

Scène 11

LES ACTEURS PRÉCÉDENTS, DON BAZILE

ROSINE, *effrayée, à part*. Don Bazile !...

LE COMTE, *à part*. Juste Ciel !

FIGARO, *à part*. C'est le diable.

BARTHOLO *va au-devant de lui*. Ah ! Bazile, mon ami, soyez le bien rétabli. Votre accident n'a donc point eu de suites ? En vérité, le seigneur Alonzo m'avait fort effrayé sur votre état ; demandez-lui, je partais pour vous aller voir, et s'il ne m'avait point retenu...

BAZILE, *étonné*. Le seigneur Alonzo ?

FIGARO *frappe du pied*. Eh quoi ! toujours des accrocs ? Deux heures pour une méchante barbe... Chienne de pratique !

BAZILE, *regardant tout le monde*. Me ferez-vous bien le plaisir de me dire, Messieurs... ?

FIGARO. Vous lui parlerez quand je serai parti.

BAZILE. Mais encore faudrait-il...

LE COMTE. Il faudrait vous taire, Bazile. Croyez-vous apprendre à Monsieur quelque chose qu'il ignore ? Je lui ai raconté que vous m'aviez chargé de venir donner une leçon de musique à votre place.

BAZILE, *plus étonné*. La leçon de musique !... Alonzo !...

ROSINE, *à part, à Bazile*. Eh ! taisez-vous.

BAZILE. Elle aussi !

LE COMTE, *bas, à Bartholo*. Dites-lui donc tout bas que nous en sommes convenus.

BARTHOLO, *à Bazile, à part*. N'allez pas nous démentir, Bazile, en disant qu'il n'est pas votre élève, vous gâteriez tout.

BAZILE. Ah ! ah !

BARTHOLO, *haut*. En vérité, Bazile, on n'a pas plus de talent que votre élève.

BAZILE, *stupéfait*. Que mon élève !... *(Bas.)* Je venais pour vous dire que le comte est déménagé.

BARTHOLO, *bas*. Je le sais, taisez-vous.

BAZILE, *bas*. Qui vous l'a dit ?

BARTHOLO, *bas*. Lui, apparemment.

LE COMTE, *bas*. Moi, sans doute : écoutez seulement.

ROSINE, *bas, à Bazile*. Est-il si difficile de vous taire ?

FIGARO, *bas, à Bazile*. Hum ! Grand escogriffe ! Il est sourd !

BAZILE, *à part*. Qui diable est-ce donc qu'on trompe ici ? Tout le monde est dans le secret !

BARTHOLO, *haut*. Eh bien, Bazile, votre homme de loi ?

FIGARO. Vous avez toute la soirée pour parler de l'homme de loi.

BARTHOLO, *à Bazile*. Un mot : dites-moi seulement si vous êtes content de l'homme de loi ?

BAZILE, *effaré*. De l'homme de loi ?

LE COMTE, *souriant*. Vous ne l'avez pas vu, l'homme de loi ?

BAZILE, *impatienté*. Vous ne l'avez pas vu, l'homme de loi.

LE COMTE, *à Bartholo, à part*. Voulez-vous donc qu'il s'explique ici devant elle ? Renvoyez-le.

BARTHOLO, *bas, au comte*. Vous avez raison. *(A Bazile.)* Mais quel mal vous a donc pris si subitement ?

BAZILE, *en colère*. Je ne vous entends pas.

LE COMTE *lui met à part une bourse dans la main*. Oui, Monsieur vous demande ce que vous venez faire ici, dans l'état d'indisposition où vous êtes ?

FIGARO. Il est pâle comme un mort !

BAZILE. Ah ! je comprends...

LE COMTE. Allez vous coucher, mon cher Bazile : vous n'êtes pas bien, et vous nous faites mourir de frayeur. Allez vous coucher.

FIGARO. Il a la physionomie toute renversée. Allez vous coucher.

BARTHOLO. D'honneur, il sent la fièvre d'une lieue. Allez vous coucher.

ROSINE. Pourquoi êtes-vous donc sorti ! On dit que cela se gagne. Allez vous coucher.

BAZILE, *au dernier étonnement*. Que j'aille me coucher !

TOUS LES ACTEURS ENSEMBLE. Eh ! sans doute.

BAZILE, *les regardant tous*. En effet, Messieurs, je crois que je ne ferai pas mal de me retirer ; je sens que je ne suis pas ici dans mon assiette ordinaire.

BARTHOLO. A demain, toujours : si vous êtes mieux.

LE COMTE. Bazile, je serai chez vous de très bonne heure.

FIGARO. Croyez-moi, tenez-vous bien chaudement dans votre lit.

ROSINE. Bonsoir, monsieur Bazile.

BAZILE, *à part*. Diable emporte si j'y comprends rien ! et sans cette bourse...

TOUS. Bonsoir, Bazile, bonsoir.

BAZILE, *en s'en allant*. Eh bien ! bonsoir donc, bonsoir.

Ils l'accompagnent tous en riant.

Scène 12

LES ACTEURS PRÉCÉDENTS, *excepté* BAZILE

BARTHOLO, *d'un ton important*. Cet homme-là n'est pas bien du tout.

ROSINE Il a les yeux égarés.

LE COMTE. Le grand air l'aura saisi.

FIGARO. Avez-vous vu comme il parlait tout seul ? Ce que c'est que de nous ! *(A Bartholo.)* Ah çà, vous décidez-vous, cette fois ?

Il lui pousse un fauteuil très loin du comte, et lui présente le linge.

LE COMTE. Avant de finir, Madame, je dois vous dire un mot essentiel au progrès de l'art que j'ai l'honneur de vous enseigner.

Il s'approche, et lui parle bas à l'oreille.

BARTHOLO, *à Figaro*. Eh mais ! il semble que vous le fassiez exprès de vous approcher, et de vous mettre devant moi pour m'empêcher de voir...

LE COMTE, *bas, à Rosine*. Nous avons la clef de la jalousie, et nous serons ici à minuit.

FIGARO *passe le linge au cou de Bartholo*. Quoi voir ? Si c'était une leçon de danse, on vous passerait d'y regarder ; mais du chant !... ahi, ahi.

BARTHOLO. Qu'est-ce que c'est ?

FIGARO. Je ne sais ce qui m'est entré dans l'œil.

Il rapproche sa tête.

BARTHOLO. Ne frottez donc pas.

FIGARO. C'est le gauche. Voudriez-vous me faire le plaisir d'y souffler un peu fort ?

Bartholo prend la tête de Figaro, regarde par-dessus, le pousse violemment, et va derrière les amants écouter leur conversation.

LE COMTE, *bas, à Rosine*. Et quant à votre lettre, je me suis trouvé tantôt dans un tel embarras pour rester ici...

FIGARO, *de loin, pour avertir*. Hem ! hem !...

LE COMTE. Désolé de voir encore mon déguisement inutile.

BARTHOLO, *passant entre deux*. Votre déguisement inutile !

ROSINE, *effrayée*. Ah !...

BARTHOLO. Fort bien, Madame, ne vous gênez pas. Comment ! sous mes yeux mêmes, en ma présence, on m'ose outrager de la sorte !

LE COMTE. Qu'avez-vous donc, seigneur ?

BARTHOLO. Perfide Alonzo !

LE COMTE. Seigneur Bartholo, si vous avez souvent des lubies comme celle dont le hasard me rend témoin, je ne suis plus étonné de l'éloignement que Mademoiselle a pour devenir votre femme.

ROSINE. Sa femme ! Moi ! Passer mes jours auprès d'un vieux jaloux, qui, pour tout bonheur, offre à ma jeunesse un esclavage abominable !

BARTHOLO. Ah ! qu'est-ce que j'entends !

ROSINE. Oui, je le dis tout haut : je donnerai mon cœur et ma main à celui qui pourra m'arracher de cette horrible prison, où ma personne et mon bien sont retenus contre toute justice.

Rosine sort.

Scène 13

BARTHOLO, FIGARO, LE COMTE

BARTHOLO. La colère me suffoque.

LE COMTE. En effet, seigneur, il est difficile qu'une jeune femme...

FIGARO. Oui, une jeune femme, et un grand âge, voilà ce qui trouble la tête d'un vieillard.

BARTHOLO. Comment ! lorsque je les prends sur le fait ! Maudit barbier ! il me prend des envies...

FIGARO. Je me retire, il est fou.

LE COMTE. Et moi aussi ; d'honneur, il est fou.

FIGARO. Il est fou, il est fou...

Ils sortent.

Scène 14

BARTHOLO, *SEUL, LES POURSUIT*

Je suis fou ! Infâmes suborneurs, émissaires du diable, dont vous faites ici l'office, et qui puisse vous emporter tous... je suis fou !... Je les ai vus comme je vois ce pupitre... et me soutenir effrontément... ! Ah ! il n'y a que Bazile qui puisse m'expliquer ceci. Oui, envoyons-le chercher. Holà, quelqu'un... Ah ! j'oublie que je n'ai personne... Un voisin, le premier venu, n'importe. Il y a de quoi perdre l'esprit ! il y a de quoi perdre l'esprit !

Pendant l'entracte, le théâtre s'obscurcit ; on entend un bruit d'orage, et l'orchestre joue celui qui est gravé dans le recueil de la musique du Barbier.

Acte IV

Le théâtre est obscur.

Scène 1

BARTHOLO, DON BAZILE, *une lanterne de papier à la main*

BARTHOLO. Comment, Bazile, vous ne le connaissez pas ? Ce que vous dites est-il possible ?

BAZILE. Vous m'interrogeriez cent fois, que je vous ferais toujours la même réponse. S'il vous a remis la lettre de Rosine, c'est sans doute un des émissaires du comte. Mais, à la magnificence du présent qu'il m'a fait, il se pourrait que ce fût le comte lui-même.

BARTHOLO. Quelle apparence ? Mais, à propos de ce présent, eh ! pourquoi l'avez-vous reçu ?

BAZILE. Vous aviez l'air d'accord ; je n'y entendais rien ; et, dans les cas difficiles à juger, une bourse d'or me paraît toujours un argument sans réplique. Et puis, comme dit le proverbe, ce qui est bon à prendre...

BARTHOLO. J'entends, est bon...

BAZILE... à garder.

BARTHOLO, *surpris*. Ah ! ah !

BAZILE. Oui, j'ai arrangé comme cela plusieurs petits

proverbes avec des variations. Mais allons au fait : à quoi vous arrêtez-vous ?

BARTHOLO. En ma place, Bazile, ne feriez-vous pas les derniers efforts pour la posséder ?

BAZILE. Ma foi non, docteur. En toute espèce de biens, posséder est peu de chose ; c'est jouir, qui rend heureux ; mon avis est qu'épouser une femme dont on n'est point aimé, c'est s'exposer...

BARTHOLO. Vous craindriez les accidents ?

BAZILE. Hé, hé, Monsieur... on en voit beaucoup cette année. Je ne ferais point violence à son cœur.

BARTHOLO. Votre valet, Bazile. Il vaut mieux qu'elle pleure de m'avoir, que moi je meure de ne l'avoir pas.

BAZILE. Il y va de la vie ? Épousez, docteur, épousez.

BARTHOLO. Ainsi ferai-je, et cette nuit même.

BAZILE. Adieu donc... Souvenez-vous, en parlant à la pupille, de les rendre tous plus noirs que l'enfer.

BARTHOLO. Vous avez raison.

BAZILE. La calomnie, docteur, la calomnie ! Il faut toujours en venir là.

BARTHOLO. Voici la lettre de Rosine, que cet Alonzo m'a remise ; et il m'a montré, sans le vouloir, l'usage que j'en dois faire auprès d'elle.

BAZILE. Adieu : nous serons tous ici à quatre heures.

BARTHOLO. Pourquoi pas plus tôt ?

BAZILE. Impossible ; le notaire est retenu.

BARTHOLO. Pour un mariage ?

BAZILE. Oui, chez le barbier Figaro ; c'est sa nièce qu'il marie.

BARTHOLO. Sa nièce ? il n'en a pas.

BAZILE. Voilà ce qu'ils ont dit au notaire.

BARTHOLO. Ce drôle est du complot, que diable !...

BAZILE. Est-ce que vous penseriez... ?

BARTHOLO. Ma foi, ces gens-là sont si alertes ! Tenez, mon ami, je ne suis pas tranquille. Retournez chez le notaire. Qu'il vienne ici sur-le-champ avec vous.

BAZILE. Il pleut, il fait un temps du diable ; mais rien ne m'arrête pour vous servir. Que faites-vous donc ?

BARTHOLO. Je vous reconduis : n'ont-ils pas fait estropier tout mon monde par ce Figaro ! Je suis seul ici.

BAZILE. J'ai ma lanterne.

BARTHOLO. Tenez, Bazile, voilà mon passe-partout. Je vous attends, je veille ; et vienne qui voudra, hors le notaire et vous, personne n'entrera de la nuit.

BAZILE. Avec ces précautions, vous êtes sûr de votre fait.

Scène 2

ROSINE, *seule, sortant de sa chambre*

Il me semblait avoir entendu parler. Il est minuit sonné ; Lindor ne vient point ! Ce mauvais temps même était propre à le favoriser. Sûr de ne rencontrer personne... Ah ! Lindor ! si vous m'aviez trompée !... Quel bruit entends-je ?... Dieux ! c'est mon tuteur. Rentrons.

Scène 3

ROSINE, BARTHOLO

BARTHOLO, *tenant de la lumière.* Ah ! Rosine, puisque vous n'êtes pas encore rentrée dans votre appartement...

ROSINE. Je vais me retirer.

BARTHOLO. Par le temps affreux qu'il fait, vous ne reposerez pas, et j'ai des choses très pressées à vous dire.

ROSINE. Que me voulez-vous, Monsieur ? N'est-ce donc pas assez d'être tourmentée le jour ?

BARTHOLO. Rosine, écoutez-moi.

ROSINE. Demain je vous entendrai.

BARTHOLO. Un moment, de grâce !

ROSINE, *à part*. S'il allait venir !

BARTHOLO *lui montre sa lettre*. Connaissez-vous cette lettre ?

ROSINE *la reconnaît*. Ah ! grands dieux !...

BARTHOLO. Mon intention. Rosine, n'est point de vous faire de reproches : à votre âge, on peut s'égarer ; mais je suis votre ami ; écoutez-moi.

ROSINE. Je n'en puis plus.

BARTHOLO. Cette lettre que vous avez écrite au comte Almaviva !...

ROSINE, *étonnée*. Au comte Almaviva !

BARTHOLO. Voyez quel homme affreux est ce comte : aussitôt qu'il l'a reçue, il en a fait trophée. Je la tiens d'une femme à qui il l'a sacrifiée.

ROSINE. Le comte Almaviva !...

BARTHOLO. Vous avez peine à vous persuader cette horreur. L'inexpérience, Rosine, rend votre sexe confiant et crédule ; mais apprenez dans quel piège on vous attirait. Cette femme m'a fait donner avis de tout, apparemment pour écarter une rivale aussi dangereuse que vous. J'en frémis ! le plus abominable complot entre Almaviva, Figaro et cet Alonzo, cet élève supposé de Bazile, qui porte un autre nom et n'est que le vil agent du comte, allait vous entraîner dans un abîme dont rien n'eût pu vous tirer.

ROSINE, *accablée*. Quelle horreur !... quoi, Lindor !... quoi, ce jeune homme !...

BARTHOLO, *à part*. Ah ! c'est Lindor.

ROSINE. C'est pour le comte Almaviva... C'est pour un autre...

BARTHOLO. Voilà ce qu'on m'a dit en me remettant votre lettre.

ROSINE, *outrée*. Ah ! quelle indignité !... Il en sera puni... Monsieur, vous avez désiré de m'épouser ?

BARTHOLO. Tu connais la vivacité de mes sentiments.

ROSINE. S'il peut vous en rester encore, je suis à vous.

BARTHOLO. Eh bien ! le notaire viendra cette nuit même.

ROSINE. Ce n'est pas tout. Ô Ciel ! suis-je assez humiliée !... Apprenez que dans peu le perfide ose entrer par cette jalousie dont ils ont eu l'art de vous dérober la clef.

BARTHOLO, *regardant au trousseau*. Ah ! les scélérats ! Mon enfant, je ne te quitte plus.

ROSINE, *avec effroi*. Ah ! Monsieur ! et s'ils sont armés ?

BARTHOLO. Tu as raison : je perdrais ma vengeance. Monte chez Marceline : enferme-toi chez elle à double tour. Je vais chercher main-forte, et l'attendre auprès de la maison. Arrêté comme voleur, nous aurons le plaisir d'en être à la fois vengés et délivrés ! Et compte que mon amour te dédommagera...

ROSINE, *au désespoir*. Oubliez seulement mon erreur. *(A part.)* Ah ! je m'en punis assez !

BARTHOLO, *s'en allant*. Allons nous embusquer. A la fin, je la tiens.

Il sort.

Scène 4

ROSINE, *seule*

Son amour me dédommagera !... Malheureuse !... *(Elle tire son mouchoir, et s'abandonne aux larmes.)* Que faire ?... Il va venir. Je veux rester et feindre avec lui, pour le contempler un moment dans toute sa noirceur.

La bassesse de son procédé sera mon préservatif... Ah ! j'en ai grand besoin. Figure noble, air doux, une voix si tendre !... et ce n'est que le vil agent d'un corrupteur ! Ah ! malheureuse ! malheureuse !... Ciel ! on ouvre la jalousie !

Elle se sauve.

Scène 5

LE COMTE, FIGARO, *enveloppé d'un manteau, paraît à la fenêtre*

FIGARO *parle en dehors*. Quelqu'un s'enfuit : entrerai-je ?

LE COMTE, *en dehors*. Un homme ?

FIGARO. Non.

LE COMTE. C'est Rosine, que ta figure atroce aura mise en fuite.

FIGARO *saute dans la chambre*. Ma foi, je le crois... Nous voici enfin arrivés, malgré la pluie, la foudre et les éclairs.

LE COMTE, *enveloppé d'un long manteau*. Donne-moi la main. *(Il saute à son tour.)* A nous la victoire !

FIGARO *jette son manteau*. Nous sommes tout percés. Charmant temps, pour aller en bonne fortune ! Monseigneur, comment trouvez-vous cette nuit ?

LE COMTE. Superbe pour un amant.

FIGARO. Oui ; mais pour un confident ?... Et si quelqu'un allait nous surprendre ici ?

LE COMTE. N'es-tu pas avec moi ? J'ai bien une autre inquiétude : c'est de la déterminer à quitter sur-le-champ la maison du tuteur.

FIGARO. Vous avez pour vous trois passions toutes-puissantes sur le beau sexe : l'amour, la haine et la crainte.

LE COMTE *regarde dans l'obscurité*. Comment lui annoncer brusquement que le notaire l'attend chez toi pour nous unir ? Elle trouvera mon projet bien hardi ; elle va me nommer audacieux.

FIGARO. Si elle vous nomme audacieux, vous l'appellerez cruelle. Les femmes aiment beaucoup qu'on les appelle cruelles. Au surplus, si son amour est tel que vous le désirez, vous lui direz qui vous êtes ; elle ne doutera plus de vos sentiments.

Scène 6

LE COMTE, ROSINE, FIGARO

Figaro allume toutes les bougies qui sont sur la table.

LE COMTE. La voici. — Ma belle Rosine !...

ROSINE, *d'un ton très compassé*. Je commençais, Monsieur, à craindre que vous ne vinssiez pas.

LE COMTE. Charmante inquiétude !... Mademoiselle, il ne me convient point d'abuser des circonstances pour vous proposer de partager le sort d'un infortuné ! mais quelque asile que vous choisissiez, je jure sur mon honneur...

ROSINE. Monsieur, si le don de ma main n'avait pas dû suivre à l'instant celui de mon cœur, vous ne seriez pas ici. Que la nécessité justifie à vos yeux ce que cette entrevue a d'irrégulier.

LE COMTE. Vous, Rosine ! la compagne d'un malheureux sans fortune, sans naissance !...

ROSINE. La naissance, la fortune ! Laissons là les jeux du hasard, et si vous m'assurez que vos intentions sont pures...

LE COMTE, *à ses pieds*. Ah ! Rosine ! je vous adore !...

ROSINE, *indignée*. Arrêtez, malheureux !... vous osez profaner !... Tu m'adores !... Va ! tu n'es plus dangereux pour moi ; j'attendais ce mot pour te détester. Mais avant de t'abandonner au remords qui t'attend *(en pleurant)*, apprends que je t'aimais ; apprends que je faisais mon bonheur de partager ton mauvais sort. Misérable Lindor ! j'allais tout quitter pour te suivre. Mais le lâche abus que tu as fait de mes bontés, et l'indignité de cet affreux comte Almaviva, à qui tu me vendais, ont fait rentrer dans mes mains ce témoignage de ma faiblesse. Connais-tu cette lettre ?

LE COMTE, *vivement*. Que votre tuteur vous a remise ?

ROSINE, *fièrement*. Oui, je lui en ai l'obligation.

LE COMTE. Dieu, que je suis heureux ! Il la tient de moi. Dans mon embarras, hier, je m'en suis servi pour arracher sa confiance ; et je n'ai pu trouver l'instant de vous en informer. Ah, Rosine ! il est donc vrai que vous m'aimez véritablement !

FIGARO. Monseigneur, vous cherchiez une femme qui vous aimât pour vous-même...

ROSINE. Monseigneur !... Que dit-il ?

LE COMTE, *jetant son large manteau, paraît en habit magnifique*. Ô la plus aimée des femmes ! il n'est plus temps de vous abuser : l'heureux homme que vous voyez à vos pieds n'est point Lindor ; je suis le comte Almaviva, qui meurt d'amour, et vous cherche en vain depuis six mois.

ROSINE *tombe dans les bras du comte*. Ah !...

LE COMTE, *effrayé*. Figaro !

FIGARO. Point d'inquiétude, Monseigneur : la douce émotion de la joie n'a jamais de suites fâcheuses ; la voilà, la voilà qui reprend ses sens. Morbleu, qu'elle est belle !

ROSINE. Ah, Lindor !... Ah ! Monsieur ! que je suis coupable ! j'allais me donner cette nuit même à mon tuteur.

LE COMTE. Vous, Rosine !

ROSINE. Ne voyez que ma punition ! J'aurais passé ma vie à vous détester. Ah, Lindor, le plus affreux supplice n'est-il pas de haïr, quand on sent qu'on est faite pour aimer ?

FIGARO *regarde à la fenêtre*. Monseigneur, le retour est fermé ; l'échelle est enlevée.

LE COMTE. Enlevée !

ROSINE, *troublée*. Oui, c'est moi... c'est le docteur. Voilà le fruit de ma crédulité. Il m'a trompée. J'ai tout avoué, tout trahi : il sait que vous êtes ici, et va venir avec main-forte.

FIGARO *regarde encore*. Monseigneur ! on ouvre la porte de la rue.

ROSINE, *courant dans les bras du comte avec frayeur*. Ah, Lindor !...

LE COMTE, *avec fermeté*. Rosine, vous m'aimez ! Je ne crains personne ; et vous serez ma femme. J'aurai donc le plaisir de punir à mon gré l'odieux vieillard !...

ROSINE. Non, non ; grâce pour lui, cher Lindor ! Mon cœur est si plein que la vengeance ne peut y trouver place.

Scène 7

LE NOTAIRE, DON BAZILE, LES ACTEURS PRÉCÉDENTS

FIGARO. Monseigneur, c'est notre notaire.

LE COMTE. Et l'ami Bazile avec lui !

BAZILE. Ah ! qu'est-ce que j'aperçois ?

FIGARO. Eh ! par quel hasard, notre ami... ?

BAZILE. Par quel accident, Messieurs... ?

LE NOTAIRE. Sont-ce là les futurs conjoints ?

LE COMTE. Oui, Monsieur. Vous deviez unir la signora

Rosine et moi cette nuit, chez le barbier Figaro ; mais nous avons préféré cette maison, pour des raisons que vous saurez. Avez-vous notre contrat ?

LE NOTAIRE. J'ai donc l'honneur de parler à Son Excellence monsieur le comte Almaviva ?

FIGARO. Précisément.

BAZILE, *à part*. Si c'est pour cela qu'il m'a donné le passe-partout...

LE NOTAIRE. C'est que j'ai deux contrats de mariage, Monseigneur. Ne confondons point : voici le vôtre ; et c'est ici celui du seigneur Bartholo avec la signora... Rosine aussi ? Les demoiselles apparemment sont deux sœurs qui portent le même nom.

LE COMTE. Signons toujours. Don Bazile voudra bien nous servir de second témoin.

Ils signent.

BAZILE. Mais, Votre Excellence... je ne comprends pas...

LE COMTE. Mon maître Bazile, un rien vous embarrasse, et tout vous étonne.

BAZILE. Monseigneur... mais si le docteur...

LE COMTE, *lui jetant une bourse*. Vous faites l'enfant ! Signez donc vite.

BAZILE, *étonné*. Ah ! ah !

FIGARO. Où est donc la difficulté de signer ?

BAZILE, *pesant la bourse*. Il n'y en a plus. Mais c'est que moi, quand j'ai donné ma parole une fois, il faut des motifs d'un grand poids...

Il signe.

Scène 8 et dernière

BARTHOLO, UN ALCADE, DES ALGUAZILS, DES VALETS *avec des flambeaux, et* LES ACTEURS PRÉCÉDENTS

BARTHOLO *voit le comte baiser la main de Rosine, et Figaro qui embrasse grotesquement don Bazile ; il crie en prenant le notaire à la gorge.* Rosine avec ces fripons ! Arrêtez tout le monde. J'en tiens un au collet.

LE NOTAIRE. C'est votre notaire.

BAZILE. C'est votre notaire. Vous moquez-vous ?

BARTHOLO. Ah ! don Bazile, et comment êtes-vous ici ?

BAZILE. Mais plutôt vous, comment n'y êtes-vous pas ?

L'ALCADE, *montrant Figaro.* Un moment ! je connais celui-ci. Que viens-tu faire en cette maison, à des heures indues ?

FIGARO. Heure indue ? Monsieur voit bien qu'il est aussi près du matin que du soir. D'ailleurs, je suis de la compagnie de Son Excellence monseigneur le comte Almaviva.

BARTHOLO. Almaviva !

L'ALCADE. Ce ne sont donc pas des voleurs ?

BARTHOLO. Laissons cela. — Partout ailleurs, monsieur le comte, je suis le serviteur de Votre Excellence ; mais vous sentez que la supériorité du rang est ici sans force. Ayez, s'il vous plaît, la bonté de vous retirer.

LE COMTE. Oui, le rang doit être ici sans force ; mais ce qui en a beaucoup est la préférence que Mademoiselle vient de m'accorder sur vous, en se donnant à moi volontairement.

BARTHOLO. Que dit-il, Rosine ?

ROSINE. Il dit vrai. D'où naît votre étonnement ? Ne

devais-je pas, cette nuit même, être vengée d'un trompeur ? Je le suis.

BAZILE. Quand je vous disais que c'était le comte lui-même, docteur ?

BARTHOLO. Que m'importe à moi ? Plaisant mariage ! Où sont les témoins ?

LE NOTAIRE. Il n'y manque rien. Je suis assisté de ces deux messieurs.

BARTHOLO. Comment, Bazile ! vous avez signé ?

BAZILE. Que voulez-vous ? ce diable d'homme a toujours ses poches pleines d'arguments irrésistibles.

BARTHOLO. Je me moque de ses arguments. J'userai de mon autorité.

LE COMTE. Vous l'avez perdue en en abusant.

BARTHOLO. La demoiselle est mineure.

FIGARO. Elle vient de s'émanciper.

BARTHOLO. Qui te parle à toi, maître fripon ?

LE COMTE. Mademoiselle est noble et belle ; je suis homme de qualité, jeune et riche ; elle est ma femme : à ce titre, qui nous honore également, prétend-on me la disputer ?

BARTHOLO. Jamais on ne l'ôtera de mes mains.

LE COMTE. Elle n'est plus en votre pouvoir. Je la mets sous l'autorité des lois ; et Monsieur, que vous avez amené vous-même, la protégera contre la violence que vous voulez lui faire. Les vrais magistrats sont les soutiens de tous ceux qu'on opprime.

L'ALCADE. Certainement. Et cette inutile résistance au plus honorable mariage indique assez sa frayeur sur la mauvaise administration des biens de sa pupille, dont il faudra qu'il rende compte.

LE COMTE. Ah ! qu'il consente à tout, et je ne lui demande rien.

FIGARO. ... que la quittance de mes cent écus : ne perdons pas la tête.

BARTHOLO, *irrité*. Ils étaient tous contre moi ; je me suis fourré la tête dans un guêpier.

BAZILE. Quel guêpier ? Ne pouvant avoir la femme, calculez, docteur, que l'argent vous reste ; eh oui, vous reste !

BARTHOLO. Ah ! laissez-moi donc en repos, Bazile ! Vous ne songez qu'à l'argent. Je me soucie bien de l'argent, moi ! A la bonne heure, je le garde ; mais croyez-vous que ce soit le motif qui me détermine ?

Il signe.

FIGARO, *riant*. Ah, ah, ah, Monseigneur ! ils sont de la même famille.

LE NOTAIRE. Mais, Messieurs, je n'y comprends plus rien. Est-ce qu'elles ne sont pas deux demoiselles qui portent le même nom ?

FIGARO. Non, Monsieur, elles ne sont qu'une.

BARTHOLO, *se désolant*. Et moi qui leur ai enlevé l'échelle, pour que le mariage fût plus sûr ! Ah ! je me suis perdu faute de soins.

FIGARO. Faute de sens. Mais soyons vrais, docteur : quand la jeunesse et l'amour sont d'accord pour tromper un vieillard, tout ce qu'il fait pour l'empêcher peut bien s'appeler à bon droit *La Précaution inutile*.

TABLE DES MATIÈRES

IMPRIMÉ EN UNION EUROPÉENNE
le 29-06-1999
010/98 – Dépôt légal, août 1998